E AGORA, RIO?

E AGORA, RIO?

UM ESTADO EM BUSCA DE UM AUTOR

Marly Motta

FGV EDITORA

Direitos desta edição reservados à
FGV EDITORA
Rua Jornalista Orlando Dantas, 9
22231-010 | Rio de Janeiro, RJ | Brasil
Tel.: 21-3799-4427
editora@fgv.br | www.editora.fgv.br

Impresso no Brasil / *Printed in Brazil*

1ª edição: 2022

Preparação de originais: Ronald Polito
Projeto gráfico de miolo e diagramação: Abreu's System
Revisão: Michele Mitie Sudoh
Capa: Ana Luisa Escorel / Ouro sobre Azul

Dados internacionais de Catalogação na Publicação
Ficha catalográfica elaborada pelo Sistema de Bibliotecas/FGV

Motta, Marly Silva da
E agora, Rio? Um estado em busca de um autor / Marly Motta. – Rio de Janeiro : FGV Editora, 2022.
180 p.

Inclui bibliografia.
ISBN: 978-65-5652-131-2

1. Rio de Janeiro (Estado) – História. 2. Rio de Janeiro (Estado) – Política e governo. I. Fundação Getulio Vargas. II. Título.

CDD – 981.53

Elaborada por Rafaela Ramos de Moraes – CRB-7/6625

Este livro é dedicado à minha mãe, a inesquecível dona Mari.

Sumário

Apresentação

Apresentar este livro exigiu de mim o esforço de olhar para trás e ver o que me inspirou a escrevê-lo. Por que resolvi escrever sobre o Rio de Janeiro com uma pergunta – E agora, Rio? –, que demonstra um tom de ansiedade e impaciência, que, acho eu, invade o coração e a mente dos habitantes desta cidade e deste estado? Posso começar pela razão mais confortável: seria o "fim" de uma trilogia, que se iniciou com minha tese de doutorado (1997) – *O Rio de Janeiro continua sendo...: de cidade-capital a estado da Guanabara* –, onde a questão central é a busca empreendida pela ex-capital imperial e republicana por um "autor" que a fizesse encontrar uma nova identidade na Federação. *Saudades da Guanabara* (2000) segue o rumo dessa nova busca, agora já como estado da Guanabara (1960-75), cujas perspectivas futuras de inserção na Federação foram encerradas pela decisão autoritária emanada do presidente Geisel de implementar a fusão entre os estados da Guanabara e do Rio de Janeiro, e, daí, criar o "novo" estado do Rio de Janeiro (1975). Com *E agora, Rio? Um estado em busca de um autor* (2022) pretendi analisar as diversas experiências políticas que tiveram esse novo estado como laboratório ou como palco, onde diversos autores testaram projetos e colocaram em cena planos que se revelaram incompetentes no objetivo maior de responder à questão de raiz: ser o *autor* que o estado buscou desde a fusão.

Outras razões mais práticas e imediatas foram igualmente importantes para a escrita deste livro. Para uma estudiosa da política carioca e fluminense, não deixa de ser desafiador tentar entender a prisão de cinco ex-governadores – Moreira Franco (1987-91); Garotinho (1999-2002); Rosinha (2003-06); Sérgio Cabral (2007-13); Pezão (2015-18) – e o *impeachment* do governador eleito em 2018, Wilson Witzel. E agora, Rio? O que virá para 2022? Eram questões que frequentemente me assaltavam, e às quais eu procurava responder por meio de artigos publicados em *O Globo* e em sites e blogs (*Quarentena news* e *Construir resistência*). No entanto, o bater do martelo para a transformação dessas ideias no livro que agora apresento partiu da editora-executiva da Editora da Fundação Getulio Vargas (FGV), Marieta de Moraes Ferreira, que me perguntou se eu não gostaria de publicar um trabalho que, ao jogar luz sobre o passado do Rio de Janeiro pós-fusão, iluminasse as perspectivas do estado para as eleições de 2022. Convite feito, desafio aceito.

Historiadora de quatro costados – graduação, mestrado e doutorado –, sou contida em apresentar o futuro provável do Rio em 2022. A quem o eleitorado fluminense dirigirá seus votos na reiterada busca de um(a) autor(a) que, finalmente, dê uma identidade ao estado? Levanto possibilidades, cenários desejados, perguntas sem respostas, mas, sobretudo, deixo ao (e)leitor e à (e)leitora a livre interpretação do que "será o amanhã". Responda quem puder. Boa leitura.

Marly Motta

E agora, Rio?

E agora, Rio? Bem que esse título poderia caber em vários períodos da história do Brasil. Afinal, nenhuma outra cidade brasileira foi submetida a tantas mudanças em seu estatuto político-institucional como o Rio de Janeiro. De sede da América Portuguesa, a partir de 1763, passou a capital imperial com a independência em 1822. Como se organizaria politicamente a cidade-capital do Império brasileiro? O espaço político da Corte deveria ser diferenciado do das demais regiões do Brasil? *E agora, Rio?* Em 1834, pelo art. 1º do Ato Adicional, a capital foi separada da província do Rio de Janeiro, e transformada em Município Neutro, marcando, ao mesmo tempo, a diferenciação da capital em relação aos outros municípios e sua subordinação ao governo central: a Câmara da Corte, a partir de então, ficaria submetida ao rígido controle do Ministério do Império e da Assembleia Geral.[1]

Proclamada a República em 1889, continuaria o Rio de Janeiro como a capital republicana? Em caso positivo, que tipo de capital a República pretendia construir no lugar do Município Neutro do Império? *E agora, Rio?* Foram três as opções em pauta: 1) Mudar a capital para o Planalto Central, onde seria erguida a cidade de Tiradentes; 2) Reintegrar o antigo Município Neutro ao território do agora estado do Rio, como era reivindicado pela bancada parlamentar fluminense na Constituinte; 3) Transformar a cidade do

[1] Ver, entre outros, Motta (2001b, cap. 1).

Rio de Janeiro em estado federado, o estado da Guanabara, como defendido pela bancada carioca. Resumo da ópera: a capital não saiu do Rio, mas a Constituição republicana de fevereiro de 1891, em seu art. 3º, demarcou uma zona de 14.400 km^2 no Planalto Central para nela se estabelecer a futura capital federal. Foi determinado ainda que, após a transferência da capital, a cidade do Rio de Janeiro se transformaria no estado da Guanabara. Apesar dos princípios federativos da República, acabou prevalecendo o princípio da "neutralização" política do Distrito Federal, já que ao Executivo federal coube a indicação do prefeito, enquanto o Senado se reservou o papel de referendar a nomeação e os vetos do prefeito. Com tutela federal, bancada estadual e administração municipal, a capital republicana transformou-se em uma entidade política e jurídica original no quadro federativo brasileiro. O Distrito Federal (DF), como os outros estados, elegia representantes para o Congresso Nacional (três senadores e 10 deputados) e para a Câmara Municipal (27 intendentes). No entanto, o prefeito e o chefe de polícia eram indicados pelo presidente da República, enquanto cabia ao Senado, e não à Câmara Municipal, a apreciação dos vetos do prefeito. Esse modelo político-administrativo do DF pouco se alterou a partir de então, embora a breve Constituição de 1934 houvesse dado à Câmara de Vereadores o direito de eleger o prefeito da capital: eleito indiretamente, Pedro Ernesto exerceu o mandato por apenas um ano (abril de 1935 a abril de 1936).[2]

"Que será do Rio?" foi o título de uma série de 32 reportagens publicadas no *Correio da Manhã* entre julho e agosto de 1958, reunindo opiniões de expressivas figuras do Distrito Federal e do estado do Rio sobre o destino da cidade após a mudança da capital para Brasília. Além da vaga indicação constitucional de que após a transferência da capital o Rio de Janeiro deveria se transformar no estado da Guanabara, não havia nenhuma outra definição quanto

[2] Ver Freire (2000). Sobre a prefeitura de Pedro Ernesto, ver Sarmento (2001).

ao futuro ordenamento desse espaço especialmente valorizado em termos políticos. Aqui também, três possibilidades foram colocadas em pauta, tal como aparece na manchete do *Jornal do Brasil*, de 12 de julho do mesmo ano: estado, território ou reintegração ao estado do Rio? *E agora, Rio?* Depois de longos e acirrados debates, que dividiram a sociedade para além das rixas partidárias, foi mantida a previsão constitucional, e o antigo DF se transformaria, com a transferência da capital para Brasília em abril de 1960, na mais nova estrela da Federação: o estado da Guanabara (Motta, 2001b: cap. 2).

O desafio, a partir de então, seria o de tornar a antiga capital imperial e o ex-Distrito Federal republicano em um "estado federado como outro qualquer". *E agora, Rio?* Pela primeira vez em sua história, o eleitorado carioca iria escolher, pelo voto direto, seu governador. Em cena, um estado em busca de um autor na figura do governador eleito em outubro de 1960, Carlos Lacerda, político de expressão nacional, que representava, na conjuntura polarizada da primeira metade dessa década, o pensamento de uma direita conservadora encarnada na UDN. Uma conjugação de fatores de origem diversa exerceu um papel fundamental na definição da Guanabara como um estado-capital. O primeiro deles seria o peso do passado de antiga capital imperial e ex-Distrito Federal republicano, o que criava obstáculos, nada desprezíveis, ao processo de estadualização e de inserção da Guanabara na federação como um "estado qualquer". No entanto, o ponto decisivo foi o projeto presidencial de seu governador, e a aposta de fazer do estado que governava a vitrine de suas realizações. Para Lacerda, o objetivo era manter a Guanabara como a "capital de fato", a Belacap, como se dizia. O golpe de 1964 não apenas sepultou as ambições eleitorais de líderes civis, como Lacerda, que acabou cassado em 1969. O governo do general Médici (1969-74) bancou a transferência da efetiva capitalidade para Brasília, apoiando o projeto de estadualização da Guanabara encampado pelo seu terceiro governador, Chagas Freitas (1971-75), o qual, ao contrário dos dois que o antecederam

— Carlos Lacerda e Negrão de Lima —, foi eleito indiretamente pela Assembleia Legislativa da Guanabara (Aleg), onde tinha maioria esmagadora (Motta, 2000). O processo de tornar a Guanabara "mais um estado da Federação" foi interrompido pelo decreto de julho de 1974, que determinou a sua fusão com o estado do Rio, e a consequente criação do novo estado Rio de Janeiro. *E agora, Rio?*[3]

Esse é o objeto do nosso estudo. Ao longo de oito artigos, que podem ser lidos isoladamente, buscamos discutir as várias respostas que foram dadas por aqueles que buscaram, de um modo ou de outro, serem reconhecidos como autores/criadores do "novo" estado do Rio de Janeiro, resultado da união de dois estados com histórias e trajetórias político-institucionais bem diferentes. Foram eles: 1) almirante Faria Lima (1975-79), indicado pelo governo Geisel; 2) Chagas Freitas (1979-83), eleito pela Alerj; 3) Leonel Brizola (1983-87; 1991-95); 4) Moreira Franco (1987-91); 5) Marcello Alencar (1995-99); 6) Garotinho (1999-2002); 7) Rosinha (2003-06); 8) Sérgio Cabral (2007-14); 9) Pezão (2015-18); 10) Witzel/Cláudio Castro (2019-...), eleitos diretamente por voto popular. Em todas as eleições, a busca, sempre renovada, pelo eleitorado fluminense, de um autor capaz de escrever um enredo para esses novos tempos da política do estado do Rio de Janeiro.

Como o leitor já deve ter percebido, quase toda a bibliografia indicada até agora foi publicada pela Editora da FGV, e produzida pelos(as) historiadores(as) do Núcleo de Memória Política Carioca e Fluminense do Centro de Pesquisa e Documentação de História Contemporânea do Brasil (FGV CPDOC): Marieta de Moraes Ferreira, Marly Motta, Americo Freire e Carlos Eduardo Sarmento. O Núcleo foi resultado de um convênio entre o CPDOC e a Assembleia Legislativa do Estado do Rio de Janeiro (Alerj), firmado em maio de 1997, com o objetivo de construir um centro permanente de

---

[3] Ver Motta e Sarmento (2001). Sobre o governo de Chagas Freitas na Guanabara (1971-75), ver Motta (1999b:135-156).

produção intelectual e de referência documental sobre a história política contemporânea da cidade e do estado do Rio de Janeiro. Não por acaso, o Núcleo veio ao encontro do desejo dessas duas instituições, há muito comprometidas com iniciativas voltadas para a preservação da memória política carioca e fluminense.

Do conjunto de livros então publicados – alguns já citados neste texto de apresentação e outros que serão fontes de reflexão para os demais capítulos do livro –, destacamos aqueles que tiveram como foco a atuação dos políticos, tanto por meio da divulgação de seus depoimentos aos(às) pesquisadores(as) do CPDOC quanto pela produção de biografias daqueles que, filiados a diferentes correntes político-ideológicas e partidárias, tiveram participação destacada no cenário carioca e fluminense nos últimos 50 anos. A série "Conversando sobre Política" reuniu os depoimentos de José Gomes Talarico, Paulo Duque, Erasmo Martins Pedro, Célio Borja, Hamilton Xavier, Saramago Pinheiro, Jorge Loretti, Pedro Fernandes e Marcello Alencar. O jornalismo político, que sempre desempenhou um papel importante na dinâmica política do Rio de Janeiro, está representado em *Crônica política do Rio de Janeiro* (Ferreira, 2001), que reuniu entrevistas com jornalistas que atuaram em diferentes órgãos da imprensa carioca e fluminense. Na série "Perfil Político" foram publicadas obras sobre a trajetória política de Chagas Freitas, Paulo de Frontin (Freire, 2003) e Leonel Brizola (Ferreira, 2008), de que muito nos valemos para este trabalho. No âmbito do balanço dos 25 anos da fusão, em 2000, foram publicados três livros relativos à análise das décadas de 1970 e 1980, marcadas pela luta democrática, e, no caso do Rio de Janeiro, pela fusão, em 1975, do estado da Guanabara com o antigo estado do Rio. O primeiro, intitulado *Vozes da oposição* (Ferreira, Rocha e Freire, 2001), reuniu depoimentos de homens e mulheres que lutaram nos partidos políticos e nos parlamentos, mas também na sociedade civil, contra o regime militar. O segundo livro, *A construção de um estado: a fusão em debate*, contém entrevistas com uma série de homens públicos que estiveram em posição de governo antes e depois da fusão. O terceiro, *Um estado em questão: os 25 anos do Rio de Janeiro* (Freire, Sarmento e Motta, 2001), é uma coletânea de artigos assinados por especialistas sobre aspectos de natureza política, social, econômica e cultural do estado do Rio de Janeiro entre 1975 e 2000.

Este livro, como dito anteriormente, compõe-se de oito capítulos, e abrange a história política do estado do Rio de Janeiro no período entre 1975 e 2021. Não é um levantamento dos sucessos e fracassos da fusão, nem um histórico dos malfeitos de membros dos três poderes ao operar a máquina governamental do estado, menos ainda um balanço das perdas infringidas à cidade do Rio de Janeiro ao perder o *status* de estado da Guanabara. O que nos move é analisar os diferentes projetos que os atores políticos cariocas e fluminenses acionaram com vistas a construir esse novo estado resultado da fusão de dois estados que, apesar da proximidade geográfica, possuíam trajetórias político-partidárias diferentes. Em comum nesse histórico de propostas e planos diversos, a confirmação do velho ditado de que o tiro pode sair pela culatra.

Assim, o primeiro capítulo, intitulado "Que estado é este?", tem como ponto de partida a explicação de Geisel ao almirante Faria Lima do porquê o havia "convocado" para governar o recém-criado estado do Rio de Janeiro: precisava de um governador que não fosse político. Na avaliação do general-presidente, o antídoto para um estado que esbanjava política e políticos — terra de Amaral Peixoto, Chagas Freitas, Carlos Lacerda, entre outros — seria o governo de um militar que "não amava a política". O resultado foi o avesso do avesso. O almirante ficou a ver navios e, em 1978, com o aval do futuro presidente, general Figueiredo, Chagas Freitas foi eleito pela Alerj o segundo governador do Rio de Janeiro. Nada mais "velha política" do que a volta do chaguismo, dessa vez no novo estado.

No segundo capítulo, enfrentamos a questão que então povoava corações e mentes. Será que a máquina chaguista, construída durante o mandato de Chagas Freitas na Guanabara (1971-75), funcionaria com a mesma eficácia e conseguiria se reproduzir com a mesma facilidade? Será que o retrato do "velho", empossado em março de 1979, voltaria para o mesmo lugar de onde havia saído quatro anos atrás? Nada disso. Em 1982, a candidatura de Leonel Brizola passaria como um trator por cima dos sonhos de Chagas de fazer seu sucessor na figura de Miro Teixeira, que acabaria em terceiro lugar na disputa eleitoral, por voto direto, para governador do estado do Rio de Janeiro.

O terceiro capítulo é centralizado na figura carismática de Leonel Brizola, que, voltando do exílio com a redemocratização, escolheu o estado do Rio de Janeiro para ser a vitrine a partir de onde lançaria sua proposta para o país, o chamado *socialismo moreno*. Guiado por esse projeto nacionalizador, Brizola enfrentou as idas e vindas de um país em busca da estabilidade política e econômica e, tal como seu adversário dos tempos da Guanabara – o também carismático Carlos Lacerda –, deu pouca atenção aos meandros da política local e às relações com o Legislativo estadual, a Alerj. Mais um governador fluminense que amargou um duplo fracasso: de implantar um projeto para o estado e de fazer um sucessor comprometido com esse projeto.

O quarto capítulo é dedicado ao PMDB, que voltou com força ao governo estadual com a eleição de Moreira Franco. Herdeiro da matriz política de Amaral Peixoto, o governador inaugurou um padrão de relacionamento com Gilberto Rodriguez, o todo-poderoso presidente da Alerj – fortalecido pelos poderes a ele concedidos pela Constituição estadual de 1989 –, que viria a ser uma marca distintiva da política fluminense: o *pemedebismo* (Nobre, 2013). Parodiando o *jingle* da campanha – "o nome dele é Moreira" –, o que se ouvia nos corredores do Palácio Tiradentes era "o nome dele é Gilberto". Encarnando o antibrizolismo na eleição de 1986, Moreira teve que engolir, acossado por baixa popularidade, a volta do ex-governador em 1990, com 60% dos votos no primeiro turno.

O Brizola que voltou para um segundo mandato estava longe de ser o *enfant terrible* da esquerda que havia preocupado os militares na volta do exílio. Sua base eleitoral, antes concentrada na capital e na Baixada Fluminense, se deslocara para o interior, e Brizola passou a encontrar resistência dentro de seu próprio partido, o PDT. O quinto capítulo se concentra na figura do governador Marcello Alencar e seu projeto de construir, no estado, o que eu chamo de social-democracia trabalhista, ao unir duas tradições: o trabalhismo de Vargas e a social-democracia do PSDB, partido pelo qual se elegeu ao romper com Brizola e sair do PDT. Com a popularidade em queda e a saúde debilitada, Marcello nem sequer tentou concorrer à reeleição, muito menos conseguiu convencer o deputado estadual Sérgio Cabral, então presidente da Alerj, a entrar na disputa ao governo do estado. Esta fragilidade teve um preço, e abriu o campo para um jovem político do interior, Garotinho, que se elegeu governador do estado derrotando o "político da capital", o prefeito carioca Cesar Maia.

O sexto capítulo, que chamei de "A república evangélica do chuvisco", analisa os dois governos do casal Garotinho/Rosinha. Abarcando o período que vai de 1999-2006, esses oito anos marcaram um momento de ruptura no padrão da política do estado. Pela primeira vez, o "sertão virou mar", e um político de Campos – terra de um doce chamado chuvisco –, evangélico, havia conquistado o cargo maior do estado em detrimento de um político da capital, César Maia. E mais: fora o primeiro governador fluminense a fazer o sucessor, no caso, sua mulher, Rosinha Garotinho. As novidades se encerram aí, porque, tal como outros governadores fluminenses, Garotinho concentrou sua energia na competição presidencial de 2002, de onde saiu com um terceiro lugar, atrás de Lula e José Serra. A cena final do governo foi o pedido de prisão, feito pela Polícia Federal, do chefe da Polícia Civil, Álvaro Lins, em dezembro de 2006. A hora e a vez de Garotinho chegaram em maio de 2008, quando, denunciado pelo Ministério Público Federal por crime de formação de quadrilha armada, abriria a fila dos ex-governadores fluminenses que viriam a ser atingidos pela Lava Jato.

"A república da ostentação", título do sétimo capítulo, ainda está fresca na memória do eleitorado fluminense. "Brazil takes off" foi a chamada de capa da prestigiosa revista *The Economist*, de novembro de 2009. Ao fundo, aparecia a mundialmente conhecida estátua do Cristo Redentor decolando rumo ao espaço. O governo de Sérgio Cabral, eleito em 2006, fechava seu terceiro ano usufruindo de bons resultados na economia e na política. Depois da experiência desastrosa dos oito anos dos governos dos Garotinhos (1999-2006), a pergunta que corria de boca em boca era: será que o estado havia, finalmente, encontrado o seu "autor"? Reeleito em 2010, e elegendo o seu sucessor, Luiz Fernando Pezão, em 2014, Cabral acabou preso em novembro de 2016 pela Operação Lava Jato, e, condenado a mais de 300 anos de prisão, está completando cinco anos na cadeia. Pezão fez companhia ao seu "padrinho", e nem sequer acabou o mandato, já que foi preso em novembro de 2018. O que deu errado em um governo que tinha quase tudo para dar certo?

O último capítulo reúne uma série de oito artigos sobre a continuação da saga do eleitorado fluminense em busca de um "autor" que escreva um roteiro – "formule um projeto", na linguagem de políticos e gestores – para esse estado "carente". A última tentativa, mais uma vez frustrada, foi o juiz Wilson Witzel, o azarão eleito em 2018, que nem chegou a esquentar a cadeira de governador como resultado de um processo de *impeachment*. Desde agosto de 2020, governa o estado o vice, Cláudio Castro, dublê de vereador-cantor *gospel*, que tenta se viabilizar como candidato à reeleição em 2022. De acordo com as pesquisas, políticos já conhecidos estão encabeçando a lista dos mais bem colocados: além do vice, o deputado federal Marcelo Freixo (PSB); o ex-prefeito de Niterói, Rodrigo Neves (PDT); o presidente da OAB, Felipe Santa Cruz (PSD), apadrinhado pelo prefeito Eduardo Paes. Embora azarões pareçam ter, agora, pouca chance em convencer um eleitorado escaldado de "novidades", melhor ver para crer. A conferir em 2022.

Capítulo 1
Que estado é este?[1]

> [...] reunir duas economias [...] para a criação de um outro polo de desenvolvimento de grandes dimensões, como o de São Paulo, dentro da política de diversificar os polos industriais, tendo em vista diminuir os desequilíbrios regionais.[2] [Ministro do Planejamento, João Paulo dos Reis Velloso]

1. Por um *estado grande*

O novo estado do Rio de Janeiro foi o resultado da fusão de duas unidades federadas: o estado da Guanabara, criado em 1960, por ocasião da transferência da capital para Brasília, para abrigar a cidade do Rio de Janeiro, então Distrito Federal; e o estado do Rio, a "Velha Província" do Império. Apesar da fusão entre os dois estados ter sido tema de reiterados debates desde a proclamação da República, a efetivação da união, a partir da Lei Complementar nº 20, de 1º de julho de 1974, foi entendida como um "casamento na polícia", cuja consumação fora garantida pela indicação de um militar – o almirante Faria Lima – para o governo do novo estado, a partir de 15 de março de 1975. O argumento é convincente, a partir do consenso sobre o caráter autoritário que teria

---

1 Este capítulo se baseou em Motta (2001a).

2 João Paulo Reis Velloso citado em Motta (2001a:25).

marcado a concepção e a implantação inicial da fusão. Somente um poder político centralizador e tecnocrático, como o do general-presidente Ernesto Geisel (1974-79), teria conseguido o que até então fora impedido pelo jogo das forças políticas: a junção de dois estados, próximos geograficamente, mas que guardavam diferenças entre si.

É certo que foi a conjuntura da segunda metade dos anos 1970 o elemento definidor da fusão. Por um lado, porque os mecanismos autoritários à disposição do regime militar de fato facilitaram a composição política necessária à aprovação de matéria tão "tormentosa", como se costumava dizer. Por outro, porque o governo do general Geisel se iniciara em março de 1974 com um projeto para o país que incluía, ao mesmo tempo, um plano de desenvolvimento que viria a ficar conhecido como Brasil Grande, e uma proposta de distensão política do regime.

Não é demais imaginar, portanto, que esse novo estado se destinava a ser um laboratório político, onde metas e desafios seriam colocados à prova. O principal deles seria unir a cidade do Rio de Janeiro, "caixa de ressonância do país", mesmo quando se transformara em estado da Guanabara, ao estado do Rio, cuja posição de destaque na Federação fora sendo desgastada pela emergência de outros estados, principalmente São Paulo. Diante desse cenário, duas questões estavam postas: 1) que influência o projeto Brasil Grande teria sobre a constituição e o futuro do novo estado? 2) o almirante Faria Lima, primeiro governador, seria capaz de cumprir a "missão" que lhe fora confiada, ou seja, esvaziar a política local e, por consequência, garantir a integração dos dois estados a partir de um "poder neutro"?

De certo modo, o caminho da integração havia sido facilitado pela ação do governo do general Médici (1969-74), que antecedera Geisel, uma vez que favorecera um processo de esvaziamento de alguns signos da capitalidade carregados pela Guanabara, acompanhado de um efetivo investimento em dotar Brasília, capital de direito, dos atributos e das atribuições de uma capital de fato. Longe de ver nessa atitude a intenção do governo militar de "acabar com o tradicional ímpeto oposicionista da cidade do Rio", consideramos que a mudança efetiva de capital costuma representar, na história das nações, um momento de transformação histórica. Não foi por acaso que durante o governo do general Médici ocorrera a transferência dos principais órgãos decisórios para o novo Distrito Federal. Foi também a partir desse momento que Brasília passou a exibir alguns marcos simbólicos representativos do poder central. O chamado "Forte Apache", edifício que abriga o Quartel-General do Exército, e onde se costumava reunir o alto comando dessa força para decidir os rumos do país, pode ser considerado um dos símbolos mais significativos da função de capital a partir de então atribuída efetivamente a Brasília. Ao mesmo tempo, a Guanabara, sob o governo de Chagas Freitas (1971-75), vinha deixando de ser "a eterna capital", e ganhando contornos de "mais um estado" na Federação, o que poderia facilitar a integração de dois estados em um só apenas.

A fusão da Guanabara com o estado do Rio foi a primeira medida da ação governamental no intuito de interferir no equilíbrio federativo, como ficou evidente na Exposição de motivos que precedeu o encaminhamento da Lei Complementar nº 20. Por um lado, reforçou a proposta das regiões metropolitanas – criadas um ano antes da fusão pela Lei Complementar nº 14, de 8 de junho de 1973 – como principal elemento dinâmico da Federação, na medida em que buscava uma maior integração intermunicipal por meio da eliminação das barreiras político-institucionais que separavam o núcleo da região – no caso, a cidade do Rio de Janeiro – dos 13 municípios, *grosso modo* chamados de Grande Rio, que se situavam no estado do Rio. Por outro, consolidou um polo de desenvolvimento poderoso no Rio de Janeiro ao criar um estado que poderia vir a dividir com São Paulo a liderança do quadro nacional, tal como anunciado no discurso do ministro do Planejamento.

A institucionalização das regiões metropolitanas, que cresceram muito em função do modelo de desenvolvimento adotado pelo país a partir principalmente dos anos 1950, alcançou *status* de prioridade nacional 20 anos depois. A consolidação dessas regiões inseriu-se no projeto Geisel como uma solução para a insuficiência da estrutura político-administrativa calcada nos limites municipais, a qual não possuía a flexibilidade e a agilidade necessárias para atender às demandas de milhões de pessoas que viviam concentradas nas grandes áreas metropolitanas.

A integração política entre os dois estados era, assim, vista como a fórmula institucional para se realizar a integração econômica, que teria como consequência a consolidação do polo econômico do Rio de Janeiro, com efeitos positivos para a economia nacional como um todo. Não por acaso, a constituição do complexo industrial fluminense (Evangelista, 1998) aparecia como um elemento fundamental para que a região pudesse competir com São Paulo. Esta, aliás, era a base da argumentação técnica dos empresários cariocas reunidos na Federação das Indústrias do Estado da Guanabara (Fiega) em favor da fusão. O desenvolvimento da Guanabara teria batido no teto em função dos limites impostos pela divisão territorial. Sua "mancha industrial" seria "fraca" em função das barreiras territoriais que impediam o avanço pelo espaço fluminense. Com a fusão, a "mancha" poderia se espalhar sem empecilhos.

É certo que os dados de longo prazo registravam um declínio relativo da economia carioca no quadro nacional, em especial diante de São Paulo. No entanto, apesar dessa evidente perda de espaço a partir dos anos 1940, é certo que os balanços econômicos referentes ao período entre 1972 e 1974 registravam certa recuperação econômica, que se beneficiara dos efeitos do chamado "milagre econômico" que então havia marcado a economia brasileira como um todo. O setor industrial da Guanabara cresceu, nesse período, a uma média de mais de 9%, resultado, em boa medida, da grande expansão dos recursos destinados ao financiamento da produção, principalmente por meio da Finame e da Copeg.[3] No final de 1974, havia em relação à economia carioca expectativas de aumento da produção e da demanda, bem como de uma relativa estabilidade do nível de emprego.

A questão de fundo era, no entanto, a integração das duas economias – a carioca e a fluminense –, que apresentavam níveis diferentes de desempenho em relação aos diversos setores econômicos. Ao invés da conclusão simplista de que a Guanabara deveria ser a cabeça, e o estado do Rio, as pernas, a situação do novo estado no quadro econômico era, em termos concretos, o seguinte: a Guanabara apresentava índices de participação no PIB duas vezes superiores aos do estado do Rio; participava em três vezes mais do que ele no valor da produção do setor de serviços; perdia, de longe, na produção agrícola e ganhava, pouco, na produção industrial.

Para fechar o quadro de interpretações sobre a importância estratégica da fusão para o sucesso do Brasil Grande, há que se destacar a concentração, no Rio de Janeiro, de grandes projetos, de importantes centros de pesquisa e de comandos militares estratégicos. Iniciado com a assinatura do acordo com a Alemanha em 1975, o projeto nuclear brasileiro teria nesse estado o principal centro de sua implantação, uma vez que, além do já existente Conselho Nacional de Energia Nuclear (CNEN), abrigaria ainda a Nuclebrás e as três primeiras usinas nucleares a serem instaladas no país (em Angra dos Reis). Também aqui se combinava a existência de comandos militares de grande importância – como o Comando Leste e áreas estratégicas da Marinha – com grandes centros de pesquisa e ensino, civis e militares: o Cenpes (Petrobras), o Cepel (Eletrobras), a Coppe, a Aman, a Escola Naval, entre outros. Como bem observa Evangelista, deve-se pensar a fusão dentro de um

---

[3] Em 1972, os financiamentos da Finame e da Copeg cresceram 154% e 112%, respectivamente. Brasileiro (1979:31-33).

projeto de constituição de um complexo industrial-militar no novo estado (Evangelista, 1998:236).

2. Mas quem disse que 1 + 1 é igual a 1?

> Ele (Geisel) praticamente *me convocou para ser o governador do novo estado.* Disse-me ele: "Eu tinha vários candidatos, mas não tem jeito, vai ser você." Falava-se muito no deputado Célio Borja, que trabalhou bastante pela fusão; falava-se ainda no Golbery, no ministro Armando Falcão, em muitos outros [...]. Ele disse que precisava de uma pessoa de prestígio e que cumprisse a legislação. Segundo, precisava de um *governador que não fosse político.* [Faria Lima citado em Motta e Sarmento, 2001:29-30, grifos nossos]

É lícito supor que a ideia dos arquitetos da fusão de colocar, no governo, um nome sem sintonia no presente e, sobretudo, no passado do novo estado se relacionou com a expectativa de se livrar do "peso" desse passado. Embora não seja o único fator explicativo para a indicação do almirante Faria Lima, a verdade é que seu perfil — militar de corte técnico, avesso à política — seria o primeiro, e indispensável, passo para a inserção dessa nova unidade no quadro federativo.

Apesar de rejeitarmos, mais uma vez, a tese de que o objetivo principal da fusão seria golpear o MDB da Guanabara — único estado governado pela oposição com Chagas Freitas —, não se pode desconhecer a importância, para o projeto de distensão do regime, de se buscar construir um "equilíbrio político" naquele que se transformaria no segundo mais poderoso estado da Federação. Essa estratégia, fundamental no processo de que a soma de 1 + 1 fosse igual a 1, esbarrava no forte componente nacionalizador da identidade política carioca, ainda sustentada pela imagem de ser a "caixa de ressonância" do país. O fato de ter perdido, sucessivamente, o estatuto de capital federal e de estado federado foi sentido por boa parcela da população carioca como uma "punhalada", e a fusão percebida como uma iniciativa que visava a "esvaziar" a densidade política da cidade.[4]

Se a divisão de competências e atribuições entre as esferas federal (herança dos tempos em que o Rio de Janeiro fora Distrito Federal), estadual (espólios dos "falecidos" estado do Rio e Guanabara) e municipal (criação do novo arcabouço político-jurídico do município do Rio de Janeiro) exigiria um esforço de negociação e composição de interesses distintos, o mais complicado residiria nos ajustes necessários para equilibrar o novo quadro político-partidário fluminense. Apesar de o MDB ser o partido majoritário na representação parlamentar eleita em 1974 em ambos os estados, esse predomínio tinha matizes diferentes: era gritante na Guanabara e discreto no estado do Rio, onde a Arena, inclusive, controlava a maioria das câmaras municipais e das prefeituras eleitas em 1972.

Tabela 1
Representação parlamentar da Guanabara (1966-74)

Assembleia Legislativa

Eleições/cadeiras	MDB	Arena
1966 (55)	40	15
1970 (44)	30	14
1974 (48)	36	12

Bancada federal

Eleições/cadeiras	MDB	Arena
1966 (21)	15	6
1970 (20)	13	7
1974 (24)	18	6

Fonte: Sarmento (1999).

[4] Sobre a percepção de perda da cidade do Rio de Janeiro com a fusão, ver Motta (2000).

Tabela 2
Representação parlamentar do estado do Rio (1966-74)

Assembleia Legislativa

Eleições/cadeiras	MDB	Arena
1966 (62)	34	28
1970 (42)	17	25
1974 (46)	27	19

Bancada federal

Eleições/cadeiras	MDB	Arena
1966 (21)	11	10
1970 (18)	7	11
1974 (23)	13	10

Fonte: Sarmento (1999).

A par essa diferença na tendência do eleitorado — o carioca era mais MDB, vale dizer, mais oposicionista à ditadura militar —, o ponto crítico da integração político-partidária dos dois estados residia na disputa, pelo controle político do novo estado, entre o último governador da Guanabara, Chagas Freitas, e o senador fluminense Amaral Peixoto (Ferreira, 1999:167-185). Se a integração e o equilíbrio político e econômico entre a Guanabara e o estado do Rio eram fundamentais para o processo de constituição do estado do Rio de Janeiro, a questão era: como tornar complementares identidades políticas e econômicas diferentes, e, em alguns casos, conflitantes?

Por isso mesmo, não é difícil entender o porquê da exclusão de pretendentes políticos para ocupar o cargo. Em primeiro lugar, há que se levar em conta as elevadas apostas que estavam sendo feitas pelo controle de um espaço tão valorizado politicamente como seria o novo estado. Os nomes citados explicitamente por Faria Lima — Golbery do Couto e Silva (chefe da Casa Civil de Geisel), Armando

Falcão (ministro da Justiça) e Célio Borja (presidente da Câmara dos Deputados) – (Célio Borja, 1999:240), são uma forte indicação do envolvimento do alto escalão político na disputa.

No entanto, a escolha por qualquer uma dessas figuras apontaria a opção por um determinado perfil de governante para o novo estado que talvez não se coadunasse com o objetivo maior de promover a integração e o equilíbrio político entre duas regiões tão distintas. No caso da indicação de Célio Borja, por exemplo, estaria explicitada a decisão de investir no fortalecimento da Arena fluminense a partir da matriz da antiga UDN carioca. Mesmo negando que estivesse interessado em promover o "retorno de qualquer grupo", Célio reconhecia que a ideia da volta do udenismo no Rio de Janeiro era "sedutora" (Célio Borja, 1999:244).

A decisão de afastar um político da antiga UDN carioca do comando do Rio de Janeiro se ligou, a meu ver, a duas ordens de fatores. Em primeiro lugar, havia o objetivo tático de partir do zero para construir o novo estado, o que demandava afastar figuras e tradições que se relacionassem ao passado da área mais dinâmica politicamente, a cidade do Rio de Janeiro. E, sobretudo, existia a preocupação de que a indicação de um "político" elevasse ainda mais o já elevado nível de turbulência da política fluminense em função da disputa entre Chagas Freitas e Amaral Peixoto pela hegemonia no MDB do novo estado. A fusão deveria ser encarada, bem ao gosto dos militares, como uma "missão", cujo sucesso dependeria da ação do "comandante", que não poderia ser um político, uma vez que não deveria ter amarras no passado, compromissos no presente e nem expectativas para o futuro.

Faria Lima procurou seguir, desde o início e ao pé da letra, os mandamentos do "governador da fusão", empenhado, portanto, em eliminar possíveis obstáculos ao processo de integração dos dois estados. No tocante às amarras do passado, procurou se manter distante de importantes e tradicionais lideranças políticas cariocas e fluminenses. Na área dos arenistas, com Célio Borja, eleito presidente da Câmara dos Deputados em 1975, a conversa emperrou; com Sandra Cavalcanti, que reivindicava a liderança do governo na Assembleia Legislativa, o conflito foi explícito. Com os emedebistas, a relação foi igualmente distante, embora distinguisse o senador Amaral Peixoto, "companheiro da Marinha", com quem chegou a ensaiar uma tentativa de articular a própria sucessão (Faria Lima citado em Motta e Sarmento, 2001:52). Já os contatos com Chagas Freitas, seu antecessor na Guanabara, eram feitos por intermédio do ex-ministro Orlando Geisel, a quem recorreu, com sucesso, para conseguir o apoio da forte bancada chaguista durante a votação da nova Constituição estadual (Faria Lima citado em Motta e Sarmento, 2001:44).

3. Como no futebol, na política não existe espaço vazio

> [...] Se [o governador] se metesse em política, não faria um bom governo. [Faria Lima]

Se a aproximação com "políticos do passado" foi rejeitada em nome de uma pretensão, bastante idealizada, de construir o estado do Rio de Janeiro a partir do zero, a perda de sustentação política resultante dessa decisão não foi compensada pela montagem de uma rede de apoio ao governo formada por políticos "novos", especialmente aqueles eleitos a partir de 1970. Desse modo, Faria Lima deixava claro que não só queria romper os vínculos com o passado, como se recusava a estabelecer compromissos políticos no presente. Em resumo: as artes da política e a execução da fusão pareciam não combinar muito bem.

Por isso mesmo, o governador se empenhou em formar uma equipe de trabalho — aí incluído o secretariado — cujos critérios de escolha, como ele mesmo admite, foram "pessoais", no sentido de que não estavam ancorados em compromissos políticos imediatos.[5] Resistindo a uma possível "arenização" do governo, o que, certamente, o forçaria a se envolver nos conflitos partidários, Faria Lima retardou seu ingresso na Arena, e nem mesmo indicou o líder do governo na Alerj, comprando briga com a deputada Sandra Cavalcanti, que, tal como Celio Borja, havia sido uma importante liderança da UDN carioca (Sandra assegura..., 1975).

Essa recusa do governador de assumir uma posição política mais efetiva era avaliada pela imprensa como um elemento que poderia dificultar a consecução do principal objetivo da fusão: a estruturação do novo estado. O editorial "Fusão política", publicado no *Jornal do Brasil* de 20 de abril de 1975 – pouco mais de um mês após a posse de Faria Lima –, ao mesmo tempo que alertava que a fusão deveria exceder "os limites de uma operação técnica e burocrática", cobrava de Faria Lima o exercício de uma liderança mais ativa no sentido de ocupar o espaço político "vago". Dois dias depois, foi a vez do influente jornalista Carlos Castello Branco bater na mesma tecla: embora tivesse que "engolir sapos", o governador não poderia "se escusar da obrigação de assumir o comando político de um estado que se está compondo sob suas mãos" (Castello Branco, 1975). Como o futebol, a política não suporta espaço vazio.

Nesse caso concreto, o espaço político do novo estado foi ocupado pelo conflito aberto entre os dois caciques, Chagas Freitas e Amaral Peixoto. Se, em um primeiro momento, vigorou a ofensiva dos amaralistas, o revide chaguista foi bem representado pela vitória obtida na convenção realizada em 18 de janeiro de 1976 com o objetivo de eleger os membros do diretório estadual, responsável pela indicação da comissão executiva do MDB-RJ: a chapa do ex-governador da Guanabara elegeu 23 dos 45 representantes (Ferreira, 1999:179). Estava selada a vitória de Chagas Freitas, e, em boa medida, o futuro político do estado.

---

[5] Sobre o processo de escolha dos secretários, ver Motta e Sarmento (2001:38-41).

Faria Lima poderia vir a ser um elemento ativo dessa trama, que foi pautada por artimanhas e malabarismos políticos de variado teor. O governador, no entanto, não se envolveu nessa disputa que rachava o partido de oposição. Isso apesar da simpatia confessa pelo "comandante" Amaral Peixoto, associada às tentativas que este empreendeu no intuito de formar uma base política composta pelos setores moderados da Arena e pela ala do MDB que lhe era fiel, com o objetivo evidente de viabilizar um bloco de coalizão ao governo, unir forças para derrotar Chagas Freitas e consolidar um novo arranjo político no estado. Sabemos que, em época de incerteza, o melhor lugar para os políticos ficarem é à sombra protetora do governo, ainda mais com os recursos de poder de que dispunha o todo-poderoso governador da fusão.

Por que Faria Lima se manteve afastado da disputa que envolvia Chagas e Amaral, os dois mais importantes chefes políticos do estado que comandava? A começar pelo seu estilo pessoal, pouco afeito ao jogo das articulações e negociações políticas, por ele visto como algo intrinsecamente ruim. Ainda mais que o conflito Chagas × Amaral guardava armadilhas perigosas para o processo de distensão política projetado pelo governo Geisel, uma vez que, embora Amaral Peixoto fosse mais palatável com vistas a uma aliança em nível estadual, era apoiado nacionalmente pela ala mais à esquerda do MDB, o chamado "grupo autêntico". No novo estado do Rio de Janeiro, a política não era coisa para amador, e um passo em falso poderia comprometer o andamento da abertura lenta e gradual anunciada pelo regime. Para o governador fluminense, o melhor era seguir o manual produzido no laboratório da fusão.

Todo esse empenho em se apartar das querelas da política não o livrou, no entanto, de ter de lidar com problemas dessa natureza dentro do seu próprio governo. O mais importante deles foi a indicação de Marcos Tamoyo para o cargo de prefeito da capital, o município do Rio de Janeiro, área politicamente mais sensível do novo estado. Tamoyo possuía um perfil bem diferente do governador. Filho de militar, amigo do general Golbery, servira, como secretário de Obras, ao governo Carlos Lacerda (1960-65), onde pudera desenvolver boas relações com empresários, principalmente os da construção civil. Com a cassação de Lacerda pelo AI-5 no início de 1969, Tamoyo ingressou no MDB, partido de oposição à ditadura militar. Nesse partido, inclusive, chegou a empreender articulações no sentido de ser o sucessor de Negrão de Lima no governo da Guanabara em 1970, mas acabou suplantado por Chagas Freitas (Erasmo Martins Pedro, 1998:129).

Sustentado por uma conjugação favorável de fatores, em especial o bom trânsito por setores políticos e empresariais da capital, Tamoyo evoluiu em um universo próprio, cada vez menos vinculado ao projeto da fusão. Assim, o prefeito carioca não teria movido uma palha no sentido de integrar os dois antigos estados, bem como teria reagido contra as iniciativas tendentes a buscar essa integração. Aí residiria o principal motivo de seu desentendimento com o paranaense Jaime Lerner, que acabou sendo indicado para a presidência da Fundação para o Desenvolvimento da Região Metropolitana (Fundrem), com a difícil incumbência de juntar em uma só unidade os 14 municípios da região metropolitana – o Rio de Janeiro e mais 13 –, especialmente no que dizia respeito a problemas urbanos, como transporte e ocupação do solo. A grande desenvoltura de Lerner à frente da Fundrem – era chamado pela imprensa de "superprefeito" – desagradou, ao mesmo tempo, ao prefeito carioca e ao governador, e ele foi demitido em maio, com pouco menos de dois meses de permanência no cargo. Apesar de desaprovar, e até mesmo rejeitar, uma das linhas-mestras do projeto da fusão, que consistia na anulação da singularidade da antiga Guanabara em prol de sua integração ao novo estado do Rio de Janeiro, Tamoyo não apenas se conservou no cargo de prefeito durante os quatro anos da administração Faria Lima, como foi um dos nomes mais cogitados para sua sucessão.

O ano de 1976 reservava grandes desafios para o futuro do novo estado. Um dos mais importantes seria a mobilização política para as eleições municipais a serem realizadas no final do ano, e que iriam desempenhar, depois da péssima performance eleitoral da ditadura em 1974, um papel fundamental no ritmo e no rumo da distensão política. O partido governista, a Arena, precisava ganhar essas eleições. Uma vitória sobre o MDB seria cobrada especialmente no novo estado, onde a legenda oposicionista sempre fora muito forte, especialmente na antiga Guanabara.

O indício mais claro do empenho governista em vencer as primeiras eleições a serem realizadas no novo estado do Rio de Janeiro foi o ingresso de Faria Lima na Arena, em abril de 1976. Ou, ainda, o enfraquecimento do MDB amaralista no interior, em parte solapado pela Arena vitaminada graças ao apoio dos governos estadual e federal. É preciso lembrar, ademais, a tradicional força eleitoral do partido governista nos municípios do interior fluminense – nas últimas eleições municipais, em 1972, a Arena fizera 47 das 59 prefeituras em disputa e 558 dos 833 vereadores.

Havia, no entanto, outros fatores que poderiam causar embaraços ao desempenho eleitoral dos candidatos da Arena no novo estado. A começar pelos constrangimentos do governador em comandar as articulações políticas necessárias à composição de uma aliança de interesses, capaz de ser vitoriosa eleitoralmente em um estado onde a força do partido de oposição era particularmente expressiva. Por outro lado, a consolidação da vitória da ala chaguista do MDB obtida ao longo de 1976, que representou a rearticulação do partido em torno da figura de Chagas Freitas, se fez sentir no avanço eleitoral do MDB chaguista tanto sobre regiões do estado tradicionalmente dominadas por políticos amaralistas quanto sobre antigos redutos arenistas. Esse sucesso pode ser atribuído a um conjunto de três fatores. Em primeiro lugar, os chaguistas puderam contar com a máquina política montada durante o governo na Guanabara, e que não fora desmontada pela administração Faria Lima. Dispuseram ainda do controle de poderosos meios de comunicação, como os jornais *O Dia* e *A Notícia*, que eram um importante instrumento eleitoral, não só pela penetração que tinham em vastas áreas populares, mas também porque se constituíam em polo de agregação de políticos em torno da liderança de Chagas Freitas. Finalmente, manobraram habilmente a proximidade de Amaral Peixoto com a ala mais à esquerda do MDB, no intuito de neutralizar qualquer possibilidade de entendimento com arenistas moderados interessados em compor uma frente anti-Chagas. Ao mesmo tempo, para evitar o isolamento no MDB nacional, que presidido por Ulysses Guimarães sempre apoiara Amaral na disputa fluminense, Chagas Freitas se aproximou ainda mais de Tancredo Neves, com quem mantinha antigas relações políticas e de amizade (Ferreira, 1999).

Apesar de ter mantido no voto a maioria das prefeituras – 36 em 59 disputadas, já que cinco prefeituras, incluindo a capital e mais quatro "áreas de segurança nacional", tiveram seus prefeitos indicados por Faria Lima –, a Arena viu minguar o total de 47 conquistados quatro anos antes, ao mesmo tempo que o MDB quase que dobrava o número conquistado em 1972, já que de 12 pulou para 23 prefeituras, das quais, como diz Erasmo Martins Pedro, "a maioria era ligada a Chagas Freitas" (Erasmo Martins Pedro, 1998:167).

Na antiga Guanabara, como era de se esperar, a vitória dos candidatos do MDB na eleição para a Câmara de Vereadores do município do Rio de Janeiro foi arrasadora: contra os seis eleitos pela Arena, o MDB, partido de oposição, elegeu 15 vereadores, dos quais 11 pertenciam à corrente chaguista. Se é correto atribuir o sucesso eleitoral ao controle exercido por Chagas Freitas sobre a política carioca, não se pode minimizar o sentimento de frustração do eleitorado da Guanabara expresso com todo o vigor nessa primeira eleição depois da fusão.

Essa sentida perda poderia, no entanto, ser compensada pela perspectiva de fortes investimentos do governo federal no estado. É certo que a fusão, ao ter como meta estabelecer um novo equilíbrio socioeconômico na Federação a partir da constituição de um forte polo de desenvolvimento regional, demandaria recursos além daqueles produzidos pela Guanabara e o estado do Rio juntos. Pode-se também acreditar que seria benéfica para a imagem do governo Geisel, que tomara a si o desafio de implementar a fusão, a transformação do estado do Rio de Janeiro em "vitrine" de um tipo bem-sucedido de administração pública, onde se teriam juntado, de maneira eficiente, o suporte generoso do governo federal com a gerência técnica e "apolítica" do Executivo estadual. Finalmente, havia ainda a esperança de que a firme presença federal, principalmente através dos laços de proximidade que uniam o presidente Geisel ao governador Faria Lima, fosse capaz de equilibrar o eixo da política estadual, marcada, como vimos, pela forte tendência oposicionista.

De fato, não faltaram investimentos federais no Rio de Janeiro, ainda mais que nesse estado se concentraram alguns dos setores econômicos mais privilegiados pelo II PND, como a indústria naval, a petrolífera, a siderúrgica, bem como se localizavam as principais empresas estatais do país, como a Petrobras, a Eletrobras e a Nuclebrás, entre outras. Desse modo, se, do ponto de vista econômico, a fusão contribuiu para a consolidação do processo de autarquização econômica previsto pelo projeto *Brasil Grande*, o mesmo não aconteceu na área política, bem mais sensível às mudanças de ventos trazidos pela aceleração da abertura.

4. "Ficamos a ver navios"

Este é o triste desabafo do deputado Celio Borja sobre a indicação de Chagas Freitas para suceder o almirante Faria Lima à frente do novo estado do Rio de Janeiro. Para quem sonhava em construir um estado "técnico" segundo o modelo traçado pelo laboratório da fusão, o nome do ex-governador da Guanabara era um verdadeiro pesadelo.

O que a indicação do nome de Chagas Freitas para suceder a Faria Lima pode nos dizer sobre a fusão? O projeto de despolitização do novo estado falhou, não resta dúvida. Pode-se atribuir o fracasso da missão do almirante à falta de entendimento do cenário político que mudara rapidamente ao ritmo acelerado da abertura política, garantida pelo general João Figueiredo, sucessor de Geisel, que iria tomar posse em março de 1979. O que se precisava naquele momento à frente do governo estadual era um político "confiável", como Chagas Freitas. Confiável, porque tinha meios e instrumentos para atuar no período pós-abertura; confiável, porque havia conseguido se impor como principal chefe político do estado; confiável, enfim, porque era dono de uma cartela generosa de votos capaz de garantir sua eleição na Alerj, bem como possuía aliados fiéis no Colégio Eleitoral que iria eleger o presidente Figueiredo em novembro de 1978.

De nada valeram as manobras de Faria Lima para influir na indicação de seu sucessor. O ponto-chave, sempre reiterado pelo experiente Amaral Peixoto, era: "Vocês têm luz verde do Planalto para tratar desse assunto?" Não tinham. O depoimento do secretário de Governo, comandante Balthazar da Silveira, é esclarecedor: "O Golbery mandou que fôssemos aguardar o Figueiredo no aeroporto. Ao chegar, o Figueiredo disse que ele próprio estava assumindo o comando da Arena no estado do Rio de Janeiro e que o novo governador ia ser o Chagas Freitas. Fiquei pasmo" (Balthazar da Silveira citado em Motta e Sarmento, 2001:101).

De pouco adiantaram os apelos a uma possível "intervenção revolucionária" com vistas a garantir um *happy end* para Faria Lima. Os tempos eram outros. Rompido com a Arena, a quem acusou de deixar de fora da chapa de candidatos à eleição de 1978 os nomes por ele indicados (Faria Lima..., 1978), o governador acabou tendo que entregar o comando do estado para Chagas Freitas. Como bem sintetiza o deputado Célio Borja, em tom levemente irônico, "ficamos a ver navios, Amaral Peixoto, o governador Faria Lima e eu" (Célio Borja, 1999:244). Embora não haja dúvida sobre o peso e a importância do governo federal como um dos mais importantes elementos do campo político do estado do Rio de Janeiro, é preciso que se leve em conta igualmente a nova dinâmica interna da política fluminense a partir da fusão, especialmente as formas por meio das quais as forças políticas locais formularam suas estratégias de competição e, em muitos casos, de sobrevivência. Foi com um olho na política nacional e outro na política local que o experiente jornalista Carlos Castello Branco, em artigo já citado, previa em abril de 1975, no segundo mês do governo Faria Lima:

> A Arena, rejeitada, vai sofrendo suas angústias próprias, e seu eleitorado, que vem minguando, tende a desaparecer, pelo menos no território da antiga Guanabara [...]. O *sucessor de Faria Lima*, salvo a hipótese de uma intervenção revolucionária no desfecho da sua administração, *será um político do MDB*. [Castello Branco, 1975, grifos nossos]

Intitulado de "Fusão cumprida", o editorial do *Jornal do Brasil* do dia 15 de março de 1979 teceu elogios ao desempenho administrativo do almirante/governador, bem como ao desenvolvimento econômico do estado alcançado durante sua gestão. No entanto, um alerta ficava no ar: a fusão estava consolidada, mas não concluída. Os novos governantes recém-empossados em nível federal e estadual – o presidente Figueiredo e o governador Chagas Freitas – tinham outros compromissos e outros projetos que nem sempre se afinavam com aqueles que haviam implementado a fusão. Daí, inclusive, o sinal verde que Israel Klabin, nome indicado por Chagas Freitas para substituir Marcos Tamoyo na prefeitura do Rio de Janeiro, teria recebido para sua proposta de fazer a "desfusão":

> Quando ele [Chagas Freitas] me convidou para ser prefeito, respondi: "Não posso aceitar, porque estou convencido de que a única forma possível de restabelecer a identidade do Rio de Janeiro consigo próprio,

> seu passado e sua população é a desfusão [...]." No encontro [com Figueiredo] em Brasília, eu lhe disse: "[...] acho que o estado da Guanabara é a solução correta". Ele respondeu: "Aceite e leve adiante seu projeto". [Israel Klabin citado em Motta e Sarmento, 2001:192-193]

O futuro da fusão estaria entregue, a partir de então, a Chagas Freitas, um político que não encarava esse projeto como uma "missão" a ser cumprida. Ao contrário. Ela havia sido uma pedra no caminho da sua sucessão na Guanabara em 1974. E, embora tivesse sido obrigado a conhecer o caminho das pedras da política do antigo estado do Rio para chegar aonde chegou, a verdade é que preferiu manter os mesmos métodos e as mesmas estratégias que tinham funcionado bem na cidade do Rio de Janeiro, então estado da Guanabara, que havia governado de 1971 a 1974.

Capítulo 2

A máquina chaguista[1]

1. Chagas Freitas e o chaguismo na política do Rio de Janeiro

A música "Bota o retrato do velho no mesmo lugar", sucesso do carnaval de 1950, fazia menção à possível volta do ex-presidente Getúlio Vargas ao Palácio do Catete, depois de nele permanecer por 15 anos, entre 1930 e 1945. De fato, Vargas ganhou as eleições realizadas naquele ano e voltou à presidência da República em 1951. Guardadas as devidas proporções, podemos dizer que, no caso do Rio de Janeiro, o retrato de Chagas Freitas deveria ser posto "no mesmo lugar" em março de 1979, uma vez que, em setembro do ano anterior, fora eleito governador do estado do Rio de Janeiro, indiretamente, pela Alerj. Vitorioso no embate com Amaral Peixoto pelo controle do MDB fluminense, a Chagas coube o cargo de governador, enquanto ao rival restaria a cadeira de senador "biônico", inovação institucional criada pelo "Pacote de abril de 77", imposto pelo governo Geisel a um Congresso fechado, e que instituiu a figura do senador indicado indiretamente por cada estado. Assim se imaginava pacificado o MDB/RJ, que entrava em rota firme de abertura política, com a revogação do AI-5, o projeto de reformulação partidária, a Lei da anistia e a volta dos exilados ao país.

Quem era Chagas Freitas? Não é exagero afirmar que, junto com Carlos Lacerda e Leonel Brizola, compõe o trio de governadores

[1] Este capítulo se baseou em Sarmento (1999).

que marcaram a história e a cultura política do Rio de Janeiro. Na verdade, para além de chefes do Executivo estadual, os três comandaram a formação de importantes correntes da política do Rio de Janeiro a eles diretamente vinculadas: o lacerdismo, o chaguismo e o brizolismo. Da mesma maneira, é correto dizer que se tornaram referências paradigmáticas de diferentes concepções e padrões de atuação na política local, e mesmo nacional. Dono de três mandatos parlamentares – em 1966, foi o deputado federal mais votado no país –, duas vezes governador por eleição indireta – primeiro, do estado da Guanabara (1971-75), e depois do estado do Rio de Janeiro (1979-83) –, Chagas Freitas, ao contrário de Lacerda e Brizola, não se tornou uma figura de destaque na política nacional ao privilegiar uma atuação política de corte local, baseada na prática do favor e do clientelismo.

Além de nascidos no mesmo ano de 1914, Carlos Lacerda e Chagas Freitas tiveram em comum o fato de se originarem de famílias de políticos e magistrados, e de pertencerem à mesma geração cuja atuação política foi balizada por um intenso debate ideológico. Chagas Freitas, no entanto, não chegou a militar na esquerda. Graças à amizade com o ministro da Justiça, Francisco Campos, em 1939 conseguiu ser nomeado para juiz de paz no antigo estado do Rio. Como boa parte dessa geração intelectual da capital federal, Lacerda e Chagas trilharam a rede de caminhos cruzados entre o jornalismo e a política. Ambos começaram cedo na atividade de jornalista, e, já no início dos anos 1950, eram proprietários de jornais que iriam se transformar em bases de sustentação de suas futuras carreiras políticas. No final de 1949, Lacerda fundou a *Tribuna da Imprensa*, e, um ano depois, seria a vez de Chagas Freitas assumir a direção de *A Notícia*, jornal comprado em sociedade com Adhemar de Barros, no intuito de consolidar o PSP, partido de segunda linha no quadro político carioca, e de inflar a futura candidatura presidencial do governador paulista. Em 1951, Chagas fundou *O Dia*, que logo se transformaria em um dos jornais mais populares do Rio de Janeiro.

Ao contrário de Lacerda, vereador mais votado no pleito de 1947 para a Câmara Municipal do então Distrito Federal, Chagas Freitas perdeu sua primeira eleição (1950) para a Câmara dos Deputados por apenas 29 votos. Essa derrota na primeira tentativa de conquistar um cargo eletivo seria utilizada, posteriormente, como justificativa para sua "obsessão" com o número de votos conquistados nas urnas. Orador sem brilho, pouco à vontade nos palanques, Chagas Freitas deveu seu primeiro mandato para a Câmara dos Deputados, em 1954, à eficiente estratégia de propaganda de sua candidatura empreendida pelo jornal *O Dia*. Como deputado, raramente ia à tribuna, nem entrava em discussões, mas escolhia quem ia fazer o discurso. Longe de ser um tribuno como Lacerda – papel que exigia boa retórica para inflamar as massas –, Chagas manejava bem o instrumental do debate, do convencimento e da agregação. Por isso mesmo, conhecedor de seus limites e de suas possibilidades, se poucas vezes subiu à tribuna parlamentar para discursar, soube ocupar os espaços privilegiados de mediação e de negociação existentes no Parlamento. Aliás, o reconhecimento de que sua ascensão dependia, em larga medida, do capital que lhe seria delegado pelo partido político fez com que tratasse a estrutura partidária como um dos principais elementos de sua ação política.

Eleito em outubro de 1960 como primeiro governador da Guanabara, Lacerda, embora houvesse recebido o conselho de "largar o bordão e construir o novo estado", vale dizer, dedicar-se à atividade rotineira da administração pública e à "monótona conversa política", manteve, no governo, a pregação sobre a necessidade de a Guanabara, a chamada Belacap, preservar o seu tradicional papel de *locus* da "Política com P maiúsculo", aquela identificada com figuras de projeção nacional, e desligada, portanto, da "política menor", de interesses locais. Pode-se dizer que, menos do que um estado federado, Lacerda construiu um "estado-capital", uma "vitrine", com a qual pretendia se lançar como candidato à presidência da República. O golpe de 1964, apoiado por ele, destruiu seus sonhos. Não conseguiu fazer seu sucessor, e foi cassado pelo AI-5 em janeiro de 1969.

A trajetória política de Chagas Freitas seguiu outro roteiro. Em 1958, saltou de menos de 11 mil votos, obtidos na eleição de quatro anos atrás, para 95 mil votos. Este sucesso resultou de uma dupla fonte de dividendos eleitorais: de um lado, a máquina de propaganda representada pelos jornais *O Dia* e *A Notícia*; de outro, uma prática ativa de agregação de políticos que controlavam bases eleitorais localizadas, quer em termos espaciais – bairros, subúrbios, zonas –, quer em termos setoriais – funcionários públicos, grupos religiosos, entre outros. No entanto, esse expressivo contingente eleitoral de Chagas se reduziu em 1962, quando as eleições para a bancada federal da Guanabara foram marcadas por graus elevados de polarização, personalização e nacionalização: as votações individuais de Leonel Brizola (PTB/PSB) e de Amaral Neto (UDN) concentraram quase 40% do eleitorado carioca, e a ele restou um terceiro lugar com 56.657 votos, bem menos do que os 95 mil conquistados em 1958.

A radicalização política que se seguiu à renúncia de Jânio Quadros e à posse do vice, João Goulart, em 1961, resultou em crescente nacionalização dos conflitos políticos no estado da Guanabara, com a polarização UDN/Lacerda × PTB/Brizola reduzindo as possibilidades de bom desempenho eleitoral de legendas menores, como a do PSP. Daí, a decisão de Chagas Freitas de ir para o PSD, contando com as boas relações que estabelecera com Tancredo Neves. Seu faro político foi posto à prova pelo golpe de 1964. Bastante prudente, Chagas não se colocou, como Lacerda, na linha de frente no apoio à derrubada do governo Goulart. Tampouco se furtou em apoiar o novo regime militar, preservando o próprio mandato parlamentar e a circulação de seus jornais, que mantiveram o perfil de porta-vozes de reivindicação de melhorias para determinadas categorias profissionais e regiões da cidade.

Por conta dessa postura ambígua, pôde ingressar no MDB, partido de oposição à Arena, dentro do bipartidarismo então imposto pela ditadura civil-militar. Ao se apresentar como um político alinhado com a oposição ao regime, afastado, porém, de qualquer possibilidade de radicalização, Chagas Freitas abriu o caminho para voos mais altos na política da Guanabara. Para o MDB carioca, levou seus dois principais capitais políticos – uma bem montada rede de apoios locais e a máquina de propaganda de seus jornais –, que acabaram lhe rendendo, em novembro de 1966, a maior votação para deputado federal de todo o país (Sarmento, 1999:69-91).

Por outro lado, a repressão política determinada pelo AI-5 de dezembro de 1968, ao afetar profundamente o campo político carioca por meio do expurgo de seus políticos mais radicais, abriu caminho para que, em um primeiro momento, Chagas pudesse controlar o MDB, partido majoritário na Assembleia Legislativa, com o que poderia aspirar ser eleito indiretamente para o governo da Guanabara, em 1970. Reduzido o espaço de debate das grandes questões nacionais em função da rígida censura imposta à propaganda eleitoral, essas eleições se caracterizaram, em boa medida, pela representação de interesses localizados, que encontraram abrigo no guarda-chuva protetor oferecido por Chagas Freitas. Em torno de sua chefia e do jornal *O Dia* aglutinou-se um expressivo número de políticos do MDB, os quais viriam a constituir o que ficaria conhecido como "grupo chaguista".

Agora, tratava-se de convencer certos setores militares a aceitarem, no governo da Guanabara, a "caixa de ressonância" do país, um político oposicionista dos "velhos tempos". Contando com o apoio de Orlando Geisel, ministro do Exército e seu amigo de velha data, e utilizando *O Dia* como veículo de combate ao chamado "terrorismo" e de propaganda dos "feitos da revolução", Chagas Freitas conseguiu, depois de longa e delicada negociação, evitar a anunciada intervenção militar na sucessão de Negrão de Lima e obter a aprovação do governo Médici para sua candidatura ao governo carioca (Motta, 1999b).

Para além das relações pessoais, o aval que o ministro do Exército deu à eleição de Chagas Freitas relacionou-se de perto com seu perfil de político local. Elemento importante na configuração do regime militar a partir de 1968, o reforço da capitalidade de Brasília requeria um correspondente processo de esvaziamento das funções de capital até então exercidas de fato pelo novo estado. Enquanto o governador Lacerda teve como alvo a política nacional e fez da Guanabara um estado-capital, o governador Chagas Freitas, mais à vontade na estruturação do poder local, investiu na efetiva estadualização da ex-capital. Esses diferentes estilos de atuação política resultaram em projetos diferentes para o estado que governaram. Enquanto Lacerda queria conquistar a "montanha", e, portanto, apostou na Guanabara como uma plataforma capaz de fazer decolar sua candidatura ao Palácio do Planalto, Chagas Freitas, que preferia o "morro", investiu na construção de uma estrutura de estado para a Guanabara, ou seja, na montagem de uma sólida rede política local.

2. Política da bica d'água

> O fornecimento de água e esgoto no Rio sempre foi instrumento de uso eleitoral. As práticas são conhecidas desde a *política da bica d'água*, numa referência à *estratégia do ex-governador Chagas Freitas* (e de seus aliados políticos), que comandou o extinto estado da Guanabara (1971-75) e o estado do Rio de Janeiro (1979-83). [Da política..., 30 abr. 2021, grifos nossos]

Boa parte dos leitores de *O Globo*, interessada em notícias sobre o futuro da Cedae, não deve ter entendido as referências a Chagas Freitas e à sua "política da bica d'água". Por que "bica d'água" para designar a "estratégia do ex-governador", que dominou a política do Rio de Janeiro por quase duas décadas, e que, ainda hoje, é referência nas práticas políticas do estado?

Como dito anteriormente, Chagas possuía grande facilidade em lidar com as "pequenas demandas locais": a bica d'água nas favelas, o asfaltamento da rua, a localização dos pontos de ônibus, e por aí vai. Nas palavras do jornalista Rogerio Coelho Neto, "Chagas sabia quem era quem em Quintino, quem era quem em Bangu". No lugar de uma política de atendimento universal às demandas de abastecimento de água e de saneamento, a instalação de bicas d'água, especialmente nas favelas, atendia às necessidades mais urgentes dos moradores, e obedecia aos interesses dos políticos que o apoiavam em cada região da cidade do Rio, em cada município do estado. As obras eram liberadas por meio desses políticos, as nomeações eram feitas por meio deles. Ao contrário do lacerdismo, que se sustentou na identificação pessoal e imediata com o líder carismático, o chaguismo se tornou sinônimo de uma política calcada na rotina do funcionamento de uma máquina política baseada em redes de clientela e sustentada pelo acesso a bens públicos. O sucesso dessa estratégia dependia, em larga medida, do controle que o governador pudesse exercer sobre o MDB e a Assembleia Legislativa.

Chagas Freitas foi bem-sucedido em "empalmar" o MDB, porque as principais lideranças do partido de oposição à ditadura militar foram cassadas pelos atos institucionais, inclusive Brizola (1964) e Lacerda (1969). A partir de então, pôde pavimentar uma avenida que o levaria, em 1970, ao Palácio Guanabara. Habituado ao jogo rotineiro da negociação política, comandou, com mão de ferro, o ingresso de novos membros no partido por meio de um acompanhamento cuidadoso do processo de filiação partidária. Mais rigoroso ainda era o acesso aos cargos da comissão executiva regional, que desde então se encontrava nas mãos de políticos que lhe eram fiéis. A nova Lei Orgânica dos Partidos Políticos, de 21 de julho de 1971, ao dar a qualquer membro do partido o direito de impugnar pedidos de novas filiações, bem como ao enfatizar a fidelidade partidária e o fortalecimento dos diretórios, acabou por estabelecer um maior controle vertical. A renovação da executiva do

MDB-GB em 1972 apontou, de fato, para esse crescente controle, com a entrada de uma nova leva de parlamentares que, em larga medida, deviam o mandato ao governador (Diniz, 1982).

Com o Legislativo, Chagas Freitas buscou imprimir um padrão de relacionamento no qual a palavra de ordem era a rápida aprovação dos projetos do Executivo. Para tanto, contava com a atuação do presidente eleito da Casa, deputado Pascoal Citadino, por quem tinha grande "apreço e confiança", e a quem garantiu desejar "manter o diálogo o mais cordial possível". Esse "diálogo cordial" foi de fato mantido, e Chagas Freitas conseguiu, com base em uma "maioria massacrante", no dizer de muitos, aprovar todos os seus projetos por larga margem de votos. O funcionamento azeitado dessa relação Executivo/Legislativo toma forma nas palavras do deputado Erasmo Martins Pedro, então vice-governador da Guanabara, e um dos políticos mais próximos de Chagas Freitas:

> Na hora da inauguração das obras, Chagas marcava uma data para um deputado e outra data para outro. Na data de um, o outro ficava lá no canto dele. *O Dia* dava cobertura, Chagas ia pessoalmente e dizia: "Vocês podem agradecer ao deputado fulano de tal pelo que ele tem feito no interesse da zona." O deputado levava os seus cabos eleitorais, o seu pessoal. Na outra data, em outra obra, era a mesma coisa, com o outro deputado. Isso redundava em prestígio para os deputados e para o Chagas. [Motta, 1999a:150]

Essa fidelidade à orientação do governador não advinha apenas da rígida legislação eleitoral então vigente, que punia com a cassação do mandato o parlamentar que votasse contra a orientação partidária. A aglutinação dos parlamentares emedebistas em torno da chefia de Chagas Freitas foi o resultado de um bem-sucedido trabalho de articulação de várias redes de clientela, estruturadas em torno de políticos que controlavam suas respectivas áreas de atuação, e tecidas com os fios da tradição familiar, da política de bairro e da vinculação com grupos religiosos e corporativos. Formou-se, assim, uma complexa rede clientelista, na qual o deputado, articulando um sistema baseado em uma teia de obrigações recíprocas, se tornava o mediador dos moradores de bairros, dos membros de corporações e de grupos religiosos junto à máquina governamental. Fundamentalmente em função do uso eficaz dos recursos de poder de que dispunha no Executivo, Chagas Freitas pôde articular essas várias redes e transformá-las no principal motor do que se convencionou chamar de "máquina chaguista". Menos do que uma relação baseada em uma identidade pessoal, como a mantida pelos lacerdistas, a identificação com Chagas Freitas resultava de sua posição como patrono-mor dessa máquina política. Enquanto este procurava distribuir as benesses políticas oriundas da inauguração de escolas e praças, aquele, ao personalizar a administração, tirava dos políticos a principal moeda de troca com os seus eleitores.

3. O retrato de volta no *mesmo* lugar?

A aposta do presidente Geisel, ao entregar o governo do recém-criado estado do Rio de Janeiro ao almirante Faria Lima como uma "missão", foi a de esvaziar a política local e, por consequência, garantir a integração dos dois estados a partir de um "poder neutro", supostamente acima dos interesses "miúdos" dos embates político-partidários. Como se dizia à época, e se diz ainda hoje, deveria ser um "governo técnico", pairando sobre as legendas partidárias então existentes, a Arena e o MDB.

Em 1978, as eleições para o sucessor de Faria Lima batiam à porta. A conjuntura nacional havia-se modificado bastante ao longo desses três anos, e, depois do afastamento do ministro do Exército, Silvio Frota, o projeto de abertura parecia mais seguro. Nesse novo cenário, a contenda eleitoral marcada para o fim do ano ganhava um relevo especial com vistas ao futuro da redemocratização. Mais uma vez, a pergunta que sempre insiste em voltar: o que será do Rio? A indicação de Faria Lima, que fez todo sentido dentro do projeto de construção de um estado grande, tornava-se agora uma pedra no caminho da Arena para fazer o sucessor do almirante. Incapaz de construir um projeto de poder no estado, de lançar mão da atração que o partido governista costuma exercer, Faria Lima sequer se aproveitou das disputas internas que racharam o MDB, entre Amaral Peixoto e Chagas Freitas, para fortalecer a Arena com vistas a 1978.

Neste ano, que se encerraria com a revogação do AI-5, haveria eleições indiretas para presidente da República, associadas a uma agenda política que abrangia temas como anistia, eleições diretas e convocação de uma Assembleia Nacional Constituinte. Seria nesse cenário desafiador que Chagas Freitas deveria operar para colocar de volta seu retrato na parede do Palácio Guanabara. Como membro do MDB, teria que atuar de acordo com a pauta "progressista" de seu partido em favor do restabelecimento da democracia, mas, ao mesmo tempo, sabia que não poderia desagradar ao regime militar. Mais uma vez, lançou mão de seu jornal *O Dia*, de grande penetração popular, para cobrir a "campanha" do general João Figueiredo, indicado por Geisel para sua sucessão. Chagas contava, ainda, com votos fiéis no Colégio Eleitoral, que elegeria aquele que seria o último presidente da ditadura militar. Como era previsto, em 1º de setembro, ambos foram eleitos: o general Figueiredo para a presidência da República, e Chagas Freitas para o governo do Rio de Janeiro. Candidato único, Chagas ostentou toda a sua força política, e recebeu o apoio dos arenistas, perfazendo um total de 225 votos dos 252 membros do Colégio Eleitoral do estado. Voltava o retrato do "velho", sustentado por um robusto apoio parlamentar conquistado ao longo de seu mandato como último governador da Guanabara.

É certo que o sucesso do projeto político que montou na Guanabara propulsionou a volta de Chagas Freitas ao governo estadual.

Na feliz expressão do deputado Celio Borja, já citada no primeiro capítulo, seus adversários "ficaram a ver navios". No entanto, o lugar para onde seu retrato voltaria seria o mesmo? Funcionaria a aplicação de antigas fórmulas para um conjunto de variáveis que havia sido radicalmente alterado nos quatro anos em que esteve afastado da cadeira de governador? A verdade é que a lógica e a dinâmica de sua máquina política teriam que enfrentar um cenário bem distinto do da extinta Guanabara. Chagas deveria aprender que a nova realidade fluminense não poderia ser apenas um prolongamento dos antigos condicionantes da política carioca.

Se Chagas Freitas teria que aprender a caminhar pelas sendas políticas do novo estado, estas também teriam que entender que o novo governador era a antítese do almirante que o antecedera. As características que marcavam esta distinção eram perceptíveis tanto em seus diferentes perfis como também na lógica do atendimento político que, a partir de então, sobrepujaria os desígnios tecnocráticos do almirante. Em lugar do militar incumbido de realizar sua missão, encontrava-se, agora, no comando do estado, um artífice do acordo político, cujos campos de expressão eram o partido e as urnas.

O primeiro passo de Chagas Freitas seria trazer para seu território de exercício de chefia política as múltiplas demandas oriundas das mais diferentes regiões do estado. Mesmo sem estar inteirado das nuances da política do antigo estado do Rio, procurou articular a linguagem clientelista presente na práxis do atendimento. Com isto, deitou raízes na política fluminense, isolando ainda mais a então fragilizada liderança de Amaral Peixoto, o qual, por ocasião da reforma partidária que deu fim ao bipartidarismo, acabou se desligando do PMDB e se filiando ao PDS. Mesmo com o caminho aberto à sua frente para estender a "máquina política" para além da Guanabara, Chagas Freitas não tinha compromisso com a fusão. Ao contrário, a se crer no já citado depoimento de Israel Klabin. Indicado para a prefeitura do município do Rio em 1979, só aceitou a indicação porque a desfusão lhe fora prometida pelo governador e pelo presidente Figueiredo. Para resumir: a fusão não pôde, assim, contar, na partida, com governadores engajados na construção de bases capazes de oferecer referenciais sólidos para o novo estado. Reinava — e reinaria ainda por muito tempo — a distinção entre cariocas e fluminenses.

Acostumado ao cerceamento imposto pelo regime militar às atividades políticas, Chagas teve que enfrentar, nos primeiros meses de governo, uma longa greve de professores, em uma amostra dos desafios necessários para se adequar aos condicionantes da democracia representativa em tempos de abertura em marcha. Ciente dos novos fatores que viriam animar a atividade política após a reformulação partidária, a anistia política e a volta das lideranças exiladas, o governador mantinha a estratégia que visava a garantir a sobrevivência de seu universo de relações políticas em um ambiente distinto do caldo de cultura ideal para o surgimento e desenvolvimento de sua máquina política.

O ponto mais sensível dessa volta ao poder seria garantir a continuidade de seu projeto político por meio da escolha de um sucessor capaz de conduzi-lo a bom termo. O nome do deputado federal Miro Teixeira cresceu no cenário político fluminense ao conquistar mais de 500 mil votos na eleição de 1978, enquanto o segundo colocado, também do MDB, não chegou nem a 100 mil votos. Tal como na antiga Guanabara, Chagas Freitas se empenhou em manter o controle sobre o partido e a Alerj. Suas chapas foram vitoriosas em quase todos os 25 diretórios zonais da capital e na maioria dos diretórios municipais do MDB-RJ. Na Alerj, a maioria do partido governista era acachapante: dos 70 deputados, 52 eram do MDB.

Se, em 1974, a fusão acabou por inviabilizar o controle de sua sucessão na Guanabara, ao impedir a eleição indireta de seu vice, Erasmo Martins Pedro, agora, o que estava em jogo, era a possibilidade de aplicar antigas estratégias, já testadas com êxito, em um novo cenário de redemocratização. Por isso mesmo, a escolha de Miro Teixeira levou em conta a convivência da herança das tradições dos pactos políticos de caráter patrimonialista, que orientavam o funcionamento da máquina chaguista, e um discurso de perfil mais abertamente opositor à ditadura militar, já de acordo com os novos ventos que mobilizavam o país.

O primeiro teste, especialmente delicado para um "homem de partido" como Chagas, foi a dispersão do MDB em três novas agremiações políticas: 1) o Partido Popular (PP), que receberia Chagas e a corrente chaguista em sua totalidade; 2) o Partido Democrático Social (PDS), continuidade da Arena governista, para onde Amaral Peixoto conduziria seus comandados, inclusive seu genro, o deputado federal Moreira Franco, que viria a ser governador fluminense entre 1987 e 1991; 3) e o Partido do Movimento Democrático Brasileiro (PMDB), para onde se dirigiriam os chamados "autênticos", que mantiveram dentro do MDB, ao longo da ditadura, uma postura oposicionista mais radical e sistemática.

Para desgosto de Chagas Freitas, essa nova estrutura partidária, prevista para substituir o bipartidarismo que prevalecia desde 1965, não durou muito tempo. De acordo com o modelo arquitetado pelos engenheiros da abertura, o processo político-partidário a vigorar a partir de então deveria conter alguns ingredientes que permitissem ao partido governista, o PDS, conquistar um lugar de prestígio nesse novo quadro político do país. Ao tornar obrigatório o voto em candidatos de um único partido para todos os cargos em disputa nas eleições de 1982 – com foco, sobretudo, na volta das eleições diretas para os governos estaduais –, o governo federal apostava em beneficiar o PDS, que possuía melhor estrutura de diretórios por todo o país.

Ciente das dificuldades que encontrariam em cumprir as exigências dessa lei em muitos municípios, líderes do PP e do PMDB entenderam que a saída seria a constituição de uma frente de partidos para concorrer ao próximo pleito eleitoral. Tal perspectiva se concretizou por meio da fusão dos dois partidos, em março de 1982, com a prevalência da sigla "MDB", amplamente conhecida pelo eleitorado carioca e fluminense. Dessa vez, os obstáculos à imposição da hegemonia do governador nesse novo PMDB eram mais expressivos do que em disputas anteriores. Como se costuma dizer, a convivência entre "chaguistas do PP" e "autênticos do PMDB" resultou em uma tremenda saia justa para ambos os partidos. O manto que encobria as lutas no interior da legenda, opondo os métodos e as estratégias do chaguismo ao vigor oposicionista dos emedebistas "de raiz", acabou rasgado, e expôs as divergências e as fragilidades dessa união forçada. De todo modo, Chagas, mais uma vez, se impôs, e impôs a candidatura de Miro Teixeira ao PMDB.

Diferentemente das "campanhas" anteriores para o governo da Guanabara (1970) e do Rio de Janeiro (1978), a de 1982 — eleição majoritária, direta, pelo voto popular — obrigaria Chagas a rever as estratégias tradicionais com vistas à renovação do discurso do novo PMDB. Ao contrário da escolha limitada ao bipartidarismo, o eleitorado da capital e do interior tinha agora à sua escolha um leque mais amplo de projetos e ideologias oferecido pelo novo espectro partidário, que ia do PDS ao PT, passando pelo PTB e PDT. Depois de quase duas décadas sem votar para o Executivo estadual, esse eleitorado oscilou, primeiro, a favor de Sandra Cavalcanti, herdeira do lacerdismo, ironicamente lançada pelo PTB. No entanto, em seus momentos cruciais, em outubro e novembro, a escolha afunilou entre o candidato do Partido Democrático Trabalhista (PDT), Leonel Brizola, antes considerado um azarão, e o candidato do PDS, Moreira Franco, genro de Amaral Peixoto, que esperava dar o troco em seu tradicional rival na política fluminense.

Miro Teixeira, por seu lado, percebeu a força dos novos ventos que sopravam, e estes o levavam para longe de Chagas Freitas. Na busca do apoio de eleitores mais identificados com a *esquerda pemedebista*, resolveu atacar o coração do chaguismo que, até então, havia sustentado sua trajetória política: de jornalista de *O Dia* à posição de deputado federal mais votado do estado em 1978. Com críticas ácidas à política clientelista de seu padrinho, Miro tentou se reposicionar no cenário político diante dos avanços das candidaturas de Brizola e de Moreira. Chagas também, por seu lado, tentou enfrentar essa situação inusitada com as armas de que dispunha. Sinalizou um possível apoio a Moreira, mas logo percebeu que, ao contrário das campanhas anteriores, sua presença não somava votos; tirava. Em março de 1983, passou a faixa ao sucessor, Leonel Brizola, e se retirou da vida pública. Morreu em setembro de 1991, aos 77 anos.

Brizola frustrou os planos de continuidade do predomínio do grupo político de Chagas Freitas sobre a política carioca e fluminense. Essa derrota da máquina chaguista foi especialmente relevante por ter sido imposta em seu tradicional espaço de exercício de poder — a cidade do Rio de Janeiro — e com o uso das armas que reiteradamente legitimaram o grupo chaguista em face das críticas que lhe lançavam: a expressão soberana do voto popular. Ao fazer emergir a onda de nacionalização dos debates, Brizola explicitou a inadequação do repertório político do chaguismo em face dos novos condicionantes que orientariam a atividade política no país em tempos de abertura democrática. Afinal, até mesmo as estratégias clientelistas necessitavam submeter-se a atualizações para não serem soterradas pela voragem do tempo. *E agora, Rio?* O que esperar de Leonel Brizola? Seria ele o autor pelo qual o estado tanto ansiava? A conferir no próximo capítulo.

Capítulo 3

O socialismo moreno[1]

1. O poder do carisma na política do Rio de Janeiro: Brizola na cabeça

> O problema maior foi o anúncio da volta de Leonel Brizola ao Brasil, para participar ativamente da política. Na época, nós já achávamos que ele não iria atuar politicamente no Rio Grande do Sul, e sim no Rio de Janeiro. Eu até me lembro de ter dito ao Chagas que deveríamos ter um entendimento político com ele: "Vamos ver o que ele quer e o que ele não quer, para não termos nele um adversário." [Erasmo Martins Pedro, 1998:184]

Quem avaliou que a volta de Leonel Brizola ao Rio de Janeiro seria um "problema maior", e que a solução seria buscar um "entendimento com ele", foi Erasmo Martins Pedro, secretário da Justiça do governo Chagas Freitas, e um dos políticos mais astutos do entorno do governador. Ele acertou em cheio ao prever que o reingresso de Brizola à política do Rio de Janeiro seria um "problema" para o grupo chaguista que pretendia alcançar mais um mandato à frente do estado. Não sabemos se Chagas procurou o exilado famoso, que voltava depois de uma longa permanência compulsória fora do país, para saber o que ele queria e o que ele não queria. De todo modo, Brizola viria, de fato, a se transformar no mais sério

---

[1] Este capítulo se baseou em Ferreira (2008).

adversário de Miro Teixeira, candidato do chaguismo na campanha eleitoral de 1982, quando a eleição para governador voltaria a ser direta por voto popular.

Quem era Leonel Brizola? Gaúcho, nascido em 1922, Brizola havia feito uma sólida carreira política no Rio Grande do Sul, filiado ao PTB, partido fundado por Getúlio Vargas: foi deputado estadual (1948-54) e federal (1955), prefeito de Porto Alegre (1955-58), e governador do estado (1958-62). Na política carioca, tivera uma breve passagem, como deputado federal pela Guanabara (1963-64). Apesar de curta, essa experiência foi marcante, já que, em 1962, acabou sendo o deputado federal mais votado do Brasil: teve quase 270 mil votos, cerca de 26% do eleitorado. Principal liderança do movimento nacionalista de esquerda, cunhado do então presidente João Goulart (1961-64), foi cassado pelo golpe de estado de 1964, e, por mais de 15 anos, viveu no exílio.

Quando, em 1978, foi ventilada a hipótese de retorno dos exilados ao país, o nome de Leonel Brizola encabeçou a lista daqueles cuja volta foi sumariamente vetada pelos militares considerados "linha-dura". Se essa questão acabou sendo ultrapassada pela decretação da anistia no final de agosto de 1979, outras ganharam relevo nas decisões futuras de Brizola. Que trunfos seriam valorizados e que qualidades seriam requeridas dos políticos que pretendiam se reinserir na vida do país? Que perfil seria capaz de atender tanto às delicadas condições do presente, ainda pontuado pelos rigores da ditadura militar, quanto às perspectivas futuras de implantação de uma democracia plena? Voltaria para o Rio Grande do Sul, seu berço natal, ou para o Rio de Janeiro, a "caixa de ressonância" do país, que poderia se transformar em plataforma para voos mais altos?

Ao escolher o Rio de Janeiro como o lugar de sua volta à cena política, Brizola não apenas desejava se beneficiar da posição privilegiada da cidade no cenário nacional; denotou igualmente sua intenção de buscar no passado os elementos que poderiam situá-lo favoravelmente nesse novo cenário que se desenhava então. Era importante ter em conta — e Brizola certamente tinha — que três dos mais importantes atores da cena política antes de 1964, que com ele poderiam rivalizar na disputa pela memória coletiva, haviam falecido: os ex-presidentes Juscelino Kubitschek e João Goulart, em 1976, e Lacerda, no ano seguinte. Memória do passado pré-64, onde seria possível vincular Brizola à tradição de líder polarizador, nacionalizador, personalista, polêmico, radical, de oratória inflamada, que remetia aos tempos áureos da cidade do Rio de Janeiro, quando esta era o principal teatro do poder.

Coube à estratégia política adotada por Leonel Brizola a definição de um tom emocional e carismático para o pleito, cujo desenho inicial parecia favorecer aos grupos já estabelecidos no campo político local (Miro Teixeira) e aos condutores do processo de distensão política em curso no país (Moreira Franco). Nesse sentido, o foco de sua campanha foi a aposta na volta das matrizes fundadoras da cultura política da cidade do Rio de Janeiro: a prática de uma política nacionalizadora, polarizada e radical.

Nesse ponto, o anticomunista Carlos Lacerda e o líder da esquerda nacionalista, Leonel Brizola, possuíam em comum as marcas características do "político da capital", definido menos em função do local de nascimento e mais por uma série de qualidades intimamente relacionadas com o fato de o Rio de Janeiro ter exercido por mais de um século o papel de cidade-capital do país. A memória dessa capitalidade, ou seja, da função de representar a "síntese da nação", fez do caráter nacionalizador uma das principais marcas dos políticos da cidade. Por isso mesmo, Brizola se apresentou ao eleitorado como aquele que, ao contrário de seu antecessor, Chagas Freitas, iria investir sobretudo nos temas nacionais. A essa atuação privilegiada na esfera nacional se associaria o dom da oratória contundente e demolidora, capaz de despertar paixões e ódios. "Brizola na cabeça" foi o mote escolhido de sua campanha para o governo do estado.

No entanto, esse carisma pessoal e a imagem de "mártir da ditadura" só poderiam lhe render benefícios políticos se acompanhados de um aparato político-institucional que canalizasse os anseios e as expectativas de amplos segmentos da população. Daí a importância de, em um primeiro momento, ter recebido, após a morte de Jango, o "bastão do trabalhismo". O passo seguinte seria a retomada da sigla do PTB, que tivera uma grande força eleitoral na cidade do Rio de Janeiro entre 1945 e 1965. Interpretações correntes atribuem a perda dessa sigla — o grupo da deputada Ivete Vargas (PTB-SP) acabou se apossando do partido, beneficiado por uma decisão do TSE — à interferência política do general Golbery do Couto e Silva, chefe da Casa Civil do governo Figueiredo, que não veria com bons olhos a volta do trabalhismo sob a liderança de Brizola. No entanto, pode-se entender também que a memória do pré-64, recuperada como plataforma necessária para seu relançamento político, não deveria se transformar em âncora, nem amarrá-lo a tradições diretamente conectadas aos Vargas e a Jango. O desafio seria, sim, criar um novo partido que fosse, ao mesmo tempo, ponte com o passado e base de sustentação de projetos futuros. Para tanto, Brizola criou o Partido Democrático Trabalhista (PDT).

Quem se lembra dos pequenos cartazes colados em postes nas ruas dos subúrbios anunciando a candidatura de Leonel Brizola ao governo do estado do Rio de Janeiro em 1982, lembra-se também da surpresa que foi o crescimento fulminante de seu nome nas pesquisas de voto, e os números arrasadores de sua vitória na cidade do Rio de Janeiro — 44% contra os 25% do candidato do PDS, Moreira Franco. Sabemos bem a importância dos meios de comunicação de massa em qualquer eleição. Nesta de 1982, sobretudo, passariam a ter um papel fundamental, uma vez que os eleitores, depois de anos de cerceamento imposto pela ditadura, estavam ávidos para ver seus candidatos em debates ao vivo no rádio e na TV. Nesse cenário, Brizola nadou de braçada. No primeiro debate transmitido pela televisão, no mês de março de 1982, o foco foi a polarização entre Miro Teixeira e Sandra Cavalcanti, política da antiga cepa udenista que investia em um discurso anticorrupção. Considerado um azarão, com poucas chances de vencer a corrida eleitoral, pouco destaque foi dado a Brizola, que, no entanto, não se furtou em soltar farpas contra a candidata de passado udenista que concorria com a bandeira do PTB. A partir dos meses de agosto e setembro, porém, Brizola passaria a frequentar muitos programas de rádio e a atrair maior atenção para suas participações nos debates entre candidatos. A força de seu carisma transbordou pelos meios de comunicação e se efetivou em um aumento expressivo no índice de intenções de voto: nesses dois meses, saltou de 10% para 23% e 26%.

Brizola ainda se beneficiou da conjuntura da redemocratização, que favorecia um discurso oposicionista contra o regime militar que perdurava há quase duas décadas, e contra o chaguismo como força hegemônica na política estadual. Se o centro das discussões políticas passava a ser a avaliação da ditadura e do chaguismo, seus três opositores – a udenista Sandra Cavalcanti, o chaguista Miro Teixeira e o governista Moreira Franco – careciam de legitimidade para se dizerem de "oposição". Afinal, uma havia apoiado o golpe militar de 64; o outro era o candidato do governo estadual; e o terceiro se lançou como candidato do PDS, sucessor da Arena. Para resumir, Brizola se apresentou como "oposição a tudo que está aí".

Como a eleição era em um turno apenas, não bastava a Brizola fortalecer sua candidatura. Esse fato precisava vir acompanhado do enfraquecimento de seus rivais. O discurso de Sandra de "arrumar a casa", que dera a partida de sua campanha, perdeu substância, e a candidatura foi para o espaço. Restavam Miro e Moreira. O primeiro foi vítima de um pecado mortal para os políticos. Não conseguiu, a tempo, mudar a direção do barco quando os ventos apontavam em outra direção. Tentou romper com seu padrinho, Chagas Freitas, e se aproximar da esquerda do PMDB. Não deu certo. O duelo final foi entre Brizola e Moreira. E, por uma margem estreita, o gaúcho venceu, não obstante tentativas malsucedidas de trapaças eleitorais, como a do Proconsult.[2] Não amarrou o cavalo no obelisco da avenida Rio Branco como Vargas em 1930; mas ocupou o Palácio Guanabara. De olho em outro palácio mais vistoso: o Planalto.

2. De olho na presidência da República: um projeto de vida

> Brizola, quando ganhou o governo do estado, achou que estava no penúltimo degrau para chegar à presidência da República. O que ele fez então? Não governou o estado do Rio de Janeiro, botou um ou dois projetos na rua, entre os quais o dos Cieps [...], e tocou uma campanha presidencial. Quer dizer, fez o governo do estado de olho na presidência da República. [jornalista Paulo Branco, citado em Ferreira, 2001:216-217]

A volta ao epicentro da política nacional exigiria de Brizola, como veremos adiante, uma estratégia extremamente pragmática, que incluiu, entre outras coisas, comer churrasco com o general-presidente João Batista Figueiredo. O sucesso de seu governo no Rio de Janeiro, entendido como bilhete de entrada para aqueles que sonhavam com o Planalto, demandaria dele um esforço de articulação com os grupos políticos cariocas e fluminenses. Depois de um primeiro governador devotado à missão de neutralizar a política no espaço fluminense, veio um segundo, empenhado em ampliar, no novo estado, a máquina política construída na Guanabara. E agora, Brizola?

Beneficiado, em 1982, por uma manifestação avassaladora do eleitorado, ávido, ao mesmo tempo, para recuperar o passado pré-64 e romper com o presente fundado no chaguismo e no regime militar, navegando na onda do contra tudo e contra todos, Brizola

---

[2] A fraude consistia em transferir votos nulos ou em branco para que fossem contabilizados para o candidato do PDS, Moreira Franco. Silveira (2020).

na verdade não chegou a discutir, na campanha, um programa de governo para o Rio de Janeiro. Mesmo porque sempre esteve menos preocupado com a solução de problemas locais e regionais, e mais voltado para as questões e os temas que diziam respeito ao conjunto da sociedade brasileira. Por isso mesmo, às tradicionais lutas herdadas do trabalhismo, juntou a defesa da educação, das minorias — negros, mulheres, índios — e dos direitos humanos, produzindo um modelo de governo que veio a ficar conhecido como *socialismo moreno*. Testado no Rio de Janeiro, deveria ser a matriz de um projeto nacional capaz de incorporar setores sociais excluídos no país, em uma convivência harmônica com a face trabalhista herdada de Vargas.

A formação do governo refletiu essa composição entre trabalhistas — boa parte deles oriunda do PTB anterior a 1964 — e socialistas, representados pelo vice-governador, Darcy Ribeiro, e pelo senador eleito pelo PDT, Saturnino Braga. O secretariado, montado palmo a palmo, retratou bem a estratégia de ocupar espaços-chave da administração pública com representantes do gênero feminino e da cor negra. Foi o caso de áreas diretamente conectadas com demandas sociais, como as secretarias do Trabalho e da Promoção Social, entregues, respectivamente, ao presidente do Sindicato dos Jornalistas, Carlos Alberto de Oliveira, o Caó, e à advogada negra Idialeda do Nascimento. Alçadas à condição de pilares do *socialismo moreno*, segurança pública e educação mereceram tratamento especial. A tradicional Secretaria de Segurança foi substituída por dois órgãos: o que se ocupava da Política Judiciária e de Direitos Civis, entregue ao promotor Luiz Stockler, e a Polícia Militar, cujo comando coube a um oficial negro, o coronel Nazareth Cerqueira. Já a educação, menina dos olhos do governo, ficou a cargo do vice-governador Darcy Ribeiro, mistura de antropólogo, educador e político.

Apesar da bancada significativa que possuía na Alerj — o PDT elegeu 26 dos 70 deputados —, Brizola sabia que ela não seria suficiente nem para garantir uma maioria razoavelmente estável para a aprovação dos projetos do governo, alguns deles fundamentais para o sucesso de sua futura campanha presidencial, nem para lhe dar a tranquilidade necessária para operar no cenário nacional. Seu primeiro movimento foi em direção ao PDS de Moreira Franco, dono da segunda bancada parlamentar (21 deputados), tendo em vista o objetivo comum de subjugar o PMDB fluminense e, sobretudo, de varrer os resíduos da máquina chaguista da estrutura administrativa do estado. Tarefa que, como veremos, logo se revelou impossível.

Tratando o Rio de Janeiro como uma cabeça de ponte para chegar à presidência da República, o governador enfrentou algumas dificuldades para evoluir em um cenário político-parlamentar claramente equilibrado entre três forças: o PDT, seu partido; o PDS, ligado ao governo federal; e o PMDB, que, apesar do desgaste sofrido em 1982, era detentor de uma bancada de 16 deputados e de um forte cacife político, especialmente no interior do estado. “Fiel da balança”, como bem definiu o artigo do *Jornal do Brasil*, o PMDB podia “fazer o que quisesse na Assembleia, aliando-se ora com o PDT, ora com o PDS”. Obrigado a constantes viagens ao Uruguai, onde possuía negócios, Brizola teve que negociar a aprovação de um decreto pelo qual poderia, mediante autorização da Alerj, viajar para fora do Brasil sem explicações (PDT deixa..., 1983).

Líder carismático, com a cabeça voltada para as questões “maiores” da instável política nacional – naquele momento, ainda estava em jogo a maneira pela qual o sucessor do presidente Figueiredo seria eleito –, Brizola foi tachado de “caudilho”, e acusado de tratar o Legislativo fluminense de “maneira vil” (Vivaldo..., 1983). Esses ataques da bancada do PDS deveram-se ao anúncio de que o governador criaria, por decreto, novas secretarias de estado, com o claro objetivo de construir a ossatura político-administrativa do *socialismo moreno*, e, sobretudo, de abrir espaços para acomodar alianças e sustentar coalizões que visavam a fortalecer o PDT, e a criar uma base de sustentação para a candidatura de Brizola à próxima sucessão presidencial (Brizola..., 1983).

Dentro dessa estratégia, não cabia bater de frente com o PMDB, nem investir no combate à máquina chaguista. Pelo contrário; a ideia era fazer com que essa estrutura operasse a favor do projeto do governador. Instado a avaliar a negociação com Brizola, o deputado estadual Gilberto Rodriguez, que posteriormente foi presidente da Alerj, lançou mão de uma conhecida expressão futebolística: "Fizemos barba, cabelo e bigode." Ou seja, ganharam mais do que pediram. De uma só vez, o PMDB levou quatro secretarias (Agricultura, Região Metropolitana, Indústria e Comércio e Viação).

Este "namoro", que implicou a cooptação de vários peemedistas pelo PDT, foi objeto de críticas de muitos pedetistas, que percebiam a ameaça que tal coalizão poderia representar diante de um PMDB com fortes raízes na política estadual (Frejat..., 1983). Uma das baixas foi o prefeito da capital, Jamil Haddad, que acabou sendo substituído, no final de 1983, por Marcello Alencar. Suplente de senador pelo MDB da antiga Guanabara, cassado em 1969, Marcello tinha bom trânsito no meio político, o que favoreceria o "governo de coalizão", e, sobretudo, era pessoa da mais estrita confiança de Brizola (Escolha..., 1983). Em 1984, último ano do mandato de Figueiredo, e quando se decidiria o futuro político do país, o governador queria estar com a casa arrumada para atuar de maneira mais desenvolta no cenário nacional.

A eleição presidencial indireta realizada em 1985 adiou os planos de Brizola para mais adiante. O desafio agora era a eleição direta do prefeito da capital, marcada para novembro desse mesmo ano. Não foi surpresa a nacionalização da campanha, pois estava em jogo, além da escolha do governante da cidade do Rio de Janeiro, a fidelidade do eleitorado carioca a Brizola. Acusado de ignorar o interior do estado, ao contrário de seus antecessores Faria Lima e Chagas Freitas (Prefeitos..., 1985), Brizola sabia que a vitória do candidato pedetista no Rio precisava ser suficientemente estrondosa para sustentar seus futuros projetos eleitorais. O caráter nacionalizador da campanha de Saturnino Braga apareceu com clareza no editorial do *Jornal do Brasil* de 8 de agosto, comentando o programa eleitoral do PDT: "De tudo trataram os 'caciques' do partido, menos do Rio de Janeiro. Já não é possível disfarçar a realidade: o Rio de Janeiro, mais uma vez, foi usado como plataforma para voos de escala nacional."

Menos do que por uma preferência afetiva de Brizola, o senador Saturnino Braga se impôs como candidato a prefeito da capital sobretudo pela perspectiva de vitória eleitoral, uma vez que o governador não podia se dar o luxo de perder a prefeitura do Rio, pois, sem ela, seu projeto de chegar à presidência da República ficaria ameaçado. Já a indicação do vice-prefeito, bem mais concorrida, seguiu dois critérios. Apadrinhado por Saturnino, Jó Rezende, presidente da Federação das Associações de Moradores do Estado do Rio de Janeiro (Famerj), e ligado ao PT, caiu nas boas graças do governador, que antevia, nessa composição, possibilidades de entrar em um reduto de classe média petista que tradicionalmente torcia o nariz para suas iniciativas no campo popular, taxando-as de "populistas".[3] O custo de tal operação foi mais um racha no PDT, que não via com bons olhos o nome de Jó Rezende, um novato que já sentava na janela do ônibus. Alguns parlamentares do partido se afastaram, como o deputado federal Clemir Ramos, oriundo da Zona Oeste do Rio, uma das principais bases do brizolismo na cidade.[4] A defesa dessa composição se baseava na ideia de que, para conquistar o poder nacional, o partido de Brizola precisava incorporar não só militantes da Famerj, como também da Federação das Favelas (Faferj), dos sindicatos, das associações profissionais, recreativas e religiosas. Desta maneira, Brizola matava dois coelhos

---

[3] Para mais detalhes, ver a entrevista de Jó Rezende em Ferreira, Rocha e Freire (2001).

[4] Clemir... (1985). Saíram também Agnaldo Timóteo, Sebastião Ataíde, Sebastião Nery e Válter Casanova.

de uma vez só. Robustecia seu projeto socialista moreno, bem como entrava em setores do campo popular até então encantados por Lula e pelo PT. A eleição, realizada em 15 de novembro, foi ganha pela chapa do PDT por ampla margem: Saturnino fez mais de um milhão de votos (1.059.629) contra os 462.448 de seu concorrente mais próximo, o deputado federal Rubem Medina (PFL). Em terceiro lugar, veio o candidato do PMDB, Jorge Leite (231.211 votos).

3. Um trompaço no Rio

Quatro anos depois de infligir sentida derrota ao poderoso PMDB, Brizola teve que amargar o fracasso de seu candidato, Darcy Ribeiro, diante de Moreira Franco. Aquele Moreira, que quase o havia derrotado em 1982, voltava agora vitaminado com a pujança eleitoral retomada pelo PMDB. Mais uma vez, o estado do Rio de Janeiro se via diante de uma mudança de rumos. Saiu do Palácio Guanabara o nome nacional de Brizola, e entrou um governador apadrinhado por seu sogro, o senador Amaral Peixoto, um dos mais tradicionais caciques da política do antigo estado do Rio, e sustentado pela base chaguista de clientela e de atendimento a interesses locais e setoriais. A "política do chuveirinho", como veremos no próximo capítulo, iria se tornar a face da volta do PMDB ao poder. *E agora, Rio?*

Muitos atribuem, e com boa dose de razão, a derrota de Brizola às trapaças que a sorte coloca no caminho de políticos ambiciosos. Logo veremos essas trapaças, bem como os equívocos cometidos pelo governador na avaliação da conjuntura instável da Nova República. Antes, no entanto, é preciso tecer alguns comentários prévios sobre as dificuldades de Brizola na administração pública e na composição da política estadual, que tiveram, como poderemos avaliar, um papel importante na condução fracassada de sua sucessão no Rio de Janeiro.

A "escalada do crime" era o ponto mais criticado do governo de Brizola. Pode-se adiantar que esse tipo de crítica foi o marco fundador da construção da imagem da administração brizolista como a matriz original desse problema que há muito, e cada vez mais, vem afligindo os moradores da cidade e do estado. A se crer no editorial do *Jornal do Brasil*, "o voto do eleitor será [...] pela esperança de ver parte de seu imposto aplicada em medidas contra a violência, e não em prédios escolares erguidos de forma a funcionarem como *outdoors* de campanha eleitoral do governo".[5] Ou seja, a menina dos olhos do projeto socialista, as escolas de tempo integral – os Cieps ou brizolões, como eram chamados – deveriam ficar em segundo plano diante da percepção de uma crescente violência nas favelas e áreas periféricas. Parecia, assim, tentadora a promessa de Moreira de acabar com a violência em seis meses. Logo foi anunciada, em apoio ao candidato do PMDB, a formação da Aliança Popular e Democrática, com 12 partidos, englobando um arco de alianças, como se dizia à época, que ia da extrema esquerda, com o PCdoB, até a direita representada pelo PDS.

Nem mesmo em seu partido, que controlava com rigor, Brizola conseguiu evitar a cisão. Em maio, depois de preterido para a sucessão estadual, apesar de ser o candidato preferido da bancada pedetista na Alerj, José Colagrossi saiu do PDT, e anunciou seu ingresso no PMDB, para onde levou vários companheiros. O candidato de Brizola era seu vice, Darcy Ribeiro, intelectual de renome internacional, que enfrentava sérias dificuldades para conquistar as bases do partido. Cercado de jovens considerados inexperientes, Darcy era visto com desconfiança por seus correligionários em razão de seus arroubos de linguagem, das expressões difíceis, dos raciocínios complexos, que o afastariam do eleitorado fiel a Brizola em 1982.

Ao contrário de 1982, quando a crise econômica e a inflação atingiam diretamente o eleitorado, a onda de apoio ao presidente

---

[5] Dívida... (1986). Ver ainda: Editorial: Tréplica... (1986) e Editorial: Cidade... (1986).

Sarney pelo Plano Cruzado, lançado em 28 de fevereiro de 1986, pegou muitos políticos no contrapé, incluindo Brizola e Lula, os quais se apressaram a denunciar a "farsa da inflação zero". O governador fluminense viu a possibilidade de sair na frente de seus adversários na corrida presidencial, aproveitando as críticas ao Plano Cruzado para insistir na realização de eleições presidenciais ainda em 1986. Brizola queria estar pronto para montar no cavalo assim que ele passasse pela sua porta. Não deu certo.

Montado em altos índices de popularidade, o governo Sarney reagiu, tocando no ponto fraco do governador, ou seja, sua incapacidade administrativa e consequente má gestão das finanças do estado.[6] Carente de recursos para tocar com mais rapidez as obras dos Cieps, carro-chefe de seu governo na área educacional, Brizola continuou reivindicando receitas que estariam sendo subtraídas pela União, enquanto alertava para o fracasso do Cruzado devido ao recrudescimento da inflação (Brizola..., 1986b). Ao mesmo tempo, a lei eleitoral que proibiu a veiculação pela mídia de outras personalidades que não os candidatos, tirou do ar um dos principais trunfos da candidatura do PDT – a força de Brizola na comunicação com o grande público. Desconhecido de boa parte do eleitorado fiel ao governador, Darcy não pôde assim contar com a esperada transferência de votos vinda de seu padrinho. Sua derrota, em 1986, foi feia, por quase um milhão de votos de diferença. E o mais grave: perdeu na capital por 200 mil votos. No entanto, o eleitorado das áreas onde Brizola garantira sua vitória quatro anos antes – Zona Oeste da capital e Baixada Fluminense – a ele se manteve fiel, e foi o fiador de sua volta ao poder quatro anos depois, em 1990.

---

[6] Ver, entre outros, Brizola... (1986a); Brasília... (1986).

Capítulo 4
O nome dele é Moreira

1. O "chuveirinho" do Moreira

> [A palavra *chuveirinho*] está sendo incorporada ao folclore político do Rio de Janeiro. O governador Moreira Franco usa *chuveirinho* a todo instante: é um agrado que pode assumir diversas formas — um convite para jantar no Palácio Laranjeiras ou participar da festa de inauguração de uma obra; um DAS; um elogio público, um telefonema inesperado ou um mero tapinha nas costas. É dando um *chuveirinho*, na acepção de sensação de conforto, que Moreira acalma descontentes, políticos que se julgam preteridos e marginalizados. [O "BANHO"..., 1987]

É tentador imaginar que Moreira Franco, eleito em 1986 pelo PMDB, viesse a se tornar um mero seguidor do chaguismo, que, derrotado por Leonel Brizola quatro anos antes, parecia ressurgir agora no rastro da vitória do candidato pemedebista. Não foram poucos os que acharam que, com o novo governador, seriam recuperados o estilo e os métodos de governo adotados por Chagas Freitas em seus dois mandatos como governador: da Guanabara (1971-75) e do Rio de Janeiro (1979-83).

Ledo engano. Por várias razões. A primeira delas ancora-se nas profundas diferenças que marcaram as conjunturas políticas em que ambos – Chagas e Moreira – atuaram. O primeiro alçou ao governo estadual por meio de eleições indiretas, vigentes durante a ditadura militar, ao lado do bipartidarismo (Arena e MDB) e de severas restrições ao exercício da atividade política. A opção de quem não se abrigava no guarda-chuva da poderosa máquina chaguista, então construída no Rio de Janeiro, era ficar na chuva. Já Moreira Franco, embora tivesse lastro político – era genro de Amaral Peixoto, figura de proa da política do antigo estado do Rio –, estreou na onda oposicionista das eleições de 1974 e foi eleito deputado federal pelo MDB-RJ. Sua trajetória ganhou impulso quando lançou sua candidatura ao governo estadual em 1982, e, de maneira surpreendente, derrotou o chaguismo, e chegou em segundo lugar, atrás de Brizola por uma diferença de apenas 3% de votos.

Por outro lado, ao contrário de Chagas, cacique-mor do partido, Moreira precisava se firmar como uma liderança competitiva no PMDB, e, em um ambiente cada vez mais pluripartidário, teria que agregar uma frente de partidos em apoio à sua candidatura em 1986. Depois de uma rápida passagem pelo PDS, sigla pela qual enfrentou Brizola em 1982, Moreira ingressou no PMDB três anos depois, buscando integrar importantes setores do partido que se haviam desarticulado em função do vazio deixado pelo derretimento de lideranças do porte de Chagas Freitas e Amaral Peixoto. Genro de Amaral e, em boa medida, herdeiro do amaralismo, Moreira investiu na consolidação de um bom relacionamento com políticos do interior do estado, o que já havia lhe rendido resultados eleitorais favoráveis em 1982. Em relação aos políticos chaguistas encetou, com sucesso, uma aproximação que acabou favorecendo seu nome na disputa pela indicação ao governo estadual, conseguindo derrotar o influente senador Nelson Carneiro. Unindo correntes tradicionalmente adversárias, isolando setores ditos "independentes", Moreira passou a ser visto pelo PMDB como o político capaz de reconduzi-lo ao poder em 1986. Mesmo porque sua candidatura conseguiu aglutinar uma frente antibrizolista formada por 12 partidos que iam de uma ponta a outra do espectro ideológico, entre eles o PDS, o PFL, o PTB, o PCB e o PCdoB. Para ganhar da candidatura brizolista valia tudo, mesmo que, depois, para governar, fosse preciso refazer opções e composições, o que, logo de início, iria se revelar uma tarefa bastante difícil.

Nada que um "chuveirinho" não pudesse ajudar. Dessa maneira, diferente da imposição do chefe diante do seu "rebanho" – "um manda, o outro obedece" –, Moreira precisava amealhar apoios indispensáveis para manter unido o conjunto de forças políticas heterogêneas que o elegeu. E haja água. É chuveirinho para os comunistas, liberais, trabalhistas, conservadores. Para os empresários, jornalistas, assessores. Um caso exemplar é o do deputado estadual Pedro Fernandes, do PMDB, que andava falando de dissidência e ameaçava ir para a oposição. Moreira deu-lhe um reparador chuveirinho, por meio de alguns empregos para apadrinhados do subúrbio de Irajá, seu tradicional reduto eleitoral. Já para o senador Nelson Carneiro, com quem tinha algumas rusgas, acolheu o nome por ele indicado para o instituto de pensões do estado. Para o suplente de senador do PFL, Hydeckel de Freitas, genro de Tenório Cavalcanti, de Caxias, ofereceu almoços no Palácio Laranjeiras.

A par a habilidosa montagem do amplo arco de alianças políticas, Moreira contou, ainda, com as trapaças da sorte que afetaram Darcy Ribeiro, o candidato de Brizola. Na avaliação do jornalista Villas Boas Correa, "é inacreditável que a sensibilidade de Brizola não tenha pressentido a adesão popular ao congelamento de preços, nem antevisto a onda que crescia de apoio ao presidente Sarney". Para resumir, na esteira do sucesso do Plano Cruzado, o PMDB elegeu, em 1986, 22 dos 23 governadores estaduais e uma expressiva bancada na Assembleia Constituinte. No caso específico do estado do Rio de Janeiro, a forte reação contrária de Brizola ao Cruzado de Sarney – certamente de olho nas próximas eleições presidenciais – favoreceu a candidatura de Moreira Franco junto a um eleitorado ansioso pelo sucesso de uma política de combate à inflação. Por último, não dá para esquecer a música que embalou a campanha vitoriosa: o nome dele é Moreira...

Apesar do bom trânsito que possuía nos meios políticos e sociais da capital – estudou na PUC-RJ, morava na cidade do Rio de Janeiro –, Moreira Franco foi o primeiro governador do estado que pendeu a balança para o interior. Ou seja, com ele no governo, o estado do Rio de Janeiro poderia ganhar corpo para além dos limites da capital e da região metropolitana, tornando, quem sabe, concreto o projeto da fusão, até então mal administrado pelos governos anteriores. Mesmo porque, dos 18 deputados que compunham a base parlamentar do PMDB na Alerj, 15 eram oriundos do interior, como resultado do investimento que Chagas Freitas fizera para contrabalançar o poder de Amaral Peixoto naquela região, e aí exercer o controle do partido. Ao contrário de Brizola, bastante criticado pela pouca importância que dava ao interior do estado, Moreira Franco procurou seguir a máxima de seu sogro: "O político tem que ter o apoio do seu estado, isso é essencial. O político que não tem o estado atrás de si está destinado ao fracasso." Por isso mesmo, como observou o editorial do *Jornal do Brasil* de agosto de 1987, "em cinco meses, o governador Moreira Franco já foi mais ao interior do que Brizola em seus quatro anos de governo. Foram 17 visitas até agora. E, ao Palácio Guanabara, acorrem diariamente prefeitos do interior" (Moreira..., 1987). Dessa maneira, Moreira Franco estreitava os laços já existentes com os políticos do interior, tornando-os peças fundamentais nas disputas internas do partido que acabariam convergindo para conduzi-lo a ser a nova liderança do PMDB no estado.

Embora diferente de Chagas Freitas, como já destacamos anteriormente, Moreira Franco compartilhava com o ex-governador a crença de que para o exercício do governo precisava controlar o PMDB e a Alerj. Não lhe passaram despercebidas as dificuldades enfrentadas por seu antecessor, Brizola, no relacionamento com ambas as instituições, especialmente com o Legislativo estadual. Portanto, do ponto de vista político, o primeiro ponto de sua agenda seria remover pedras e construir pontes em direção a um bom entendimento com o partido e a Alerj.

2. Os peões do Moreira — o *pemedebismo*[1]

> Para criar o seu PMDB, uma velha aspiração desde que confirmada a sua vitória eleitoral, o governador Moreira Franco montou um verdadeiro estado-maior. Dele participavam os secretários Jorge Gama, José Colagrossi, Carlos Alberto Direito, Áldio Leite. Há outros generais, no entanto. O presidente da Assembleia Legislativa, Gilberto Rodriguez, e o líder da bancada estadual, deputado Elias Camilo Jorge, estão entre eles. O prefeito de Petrópolis, Paulo Rattes, Fabiano Villa Nova, Rogério Monteiro, Alexandre Camacho e Nelson Moreira Franco (irmão do governador) completam o quadro de pessoas encarregadas de moldar um novo PMDB. Ou melhor, o *partido de Moreira*. [Moreira..., 1987c, grifo nosso]

Apesar de contar com as experiências anteriores dos comandos de Chagas Freitas e de Amaral Peixoto à frente do MDB/PMDB, Moreira Franco tinha pouca estrada para conduzir o partido. Era jovem, sem carisma, sem um nome para chamar de seu, em um estado marcado por forte personalismo, que se traduzia em correntes político-ideológicas de forte conteúdo de identificação coletiva: lacerdismo, chaguismo, amaralismo e brizolismo. O desafio era ainda maior diante da necessidade de composição com o PMDB nacional, cujo nome mais influente era o do deputado Ulysses Guimarães, que viria a presidir a Assembleia Constituinte que elaboraria a nova Constituição, promulgada em outubro de 1988. Na corda bamba de sombrinha, Moreira procurava se equilibrar entre aqueles que ainda se encontravam sob o comando de correntes chaguistas e um grupo em ascensão denominado "esquerda independente".

Foram várias as crises que o governador teve que enfrentar no PMDB. Uma delas, logo no raiar de seu mandato, teve como objeto a insatisfação do deputado federal Paulo Ramos – coordenador

[1] Nobre (2013).

da bancada do partido na Constituinte – com a distribuição de posições na composição do governo estadual, a partir da qual convocou uma reunião da executiva regional do partido para uma "tomada de posição". Moreira acionou o esquema, muito usado a partir de então, em que ele mobilizava alguns políticos mais fiéis – os chamados "peões do Moreira" – para combater focos internos de desestabilização que poderiam colocar em risco o processo de construção de sua liderança. Em uma maratona política coordenada por Paulo Rattes e Jorge Gama, o governador conseguiu adiar a reunião. Com o objetivo de testar a liderança de Moreira, Paulo Ramos dobrou a aposta: convocou a reunião à revelia da executiva – esvaziada por manobras políticas dos "peões" – e fez duras críticas ao governador, comparando-o ao "período do chaguismo, quando não se conseguia fazer filiações, nem reunir o partido" (Moreira..., 1987b). A pedido de Messias Soares, colega de partido, e com o apoio da bancada federal, Paulo Ramos foi destituído da função de coordenador. Mais tarde, engrossaria as fileiras do PDT de Brizola, que, como sabemos, voltaria ao governo em 1991.

Como seria de se esperar em função de uma aliança partidária tão ampla como a que elegeu Moreira, o descontentamento foi grassando nas hostes governistas, e alguns desses descontentes acabaram rumando para o Partido da Social Democracia do Brasil (PSDB), fundado em 1988 para abrigar os políticos que se sentiram desconfortáveis com as novas diretrizes do PMDB, agora no poder: no governo federal, com Sarney; na maioria dos governos estaduais; e em um número enorme de prefeituras por todo o país. Embora a ala paulista do PMDB tivesse fornecido a maioria dos quadros social-democratas (os ditos tucanos) – Fernando Henrique Cardoso, Mario Covas, José Serra, Franco Montoro, entre outros –, a bancada pemedebista do Rio de Janeiro também foi desfalcada de nomes como Ronaldo Cezar Coelho e Arthur da Távola, que rumaram para o ninho tucano.

Os governos da chamada Nova República – conceito criado para definir o período inaugurado em 1985, com a eleição indireta da chapa Tancredo Neves e José Sarney – tinham diante de si o desafio de organizar a transição do autoritarismo do regime ditatorial de 21 anos para a democracia a ser construída a partir de então. Em pauta, a elaboração de uma nova Constituição, quando a unidade de ação entre as várias forças sociais diferentes que se uniram com vistas ao fim do regime seria posta à prova. Segundo Marcos Nobre, "sob o comando do Centrão, bloco suprapartidário que contava com a maioria de parlamentares do PMDB", o sistema político teria contido as forças mais ativas na canalização de aspirações mudancistas. A essa blindagem, que resultou em uma cultura política estruturante da redemocratização, Nobre deu o nome de *pemedebismo*. A necessidade de garantir a governabilidade esteve na base da formação de superblocos de apoio ao governo – as supermaiorias –, no interior dos quais se dariam as disputas por espaços na máquina governista. Como ensina Nobre, conquistar esses espaços no *pemedebismo* iria além da posse de um quinhão do estado; implicaria também usufruir o direito de veto a iniciativas tendentes a afetar os interesses dos "sócios desse condomínio".

À frente do Rio de Janeiro, Moreira Franco foi o mais fiel seguidor do *pemedebismo* entre todos os governadores da safra eleita em 1986. Graças à adoção desse sistema, a política fluminense, mesmo com a eventual troca de partidos no governo, foi a mais marcada por elementos a ele intrínsecos: o governismo; as supermaiorias legislativas; a imposição de vetos e o concomitante contorno de vetos; o bloqueio de oponentes nos bastidores, evitando o confronto público e aberto. A verdade é que, por falta de carisma e por opção política, Moreira nem tentou ser uma liderança do tipo encantadora de plateias e catadora de votos – ao estilo Lacerda e Brizola –, e se voltou prioritariamente para "dentro", em busca de peças fundamentais capazes de garantir a governabilidade ao longo de seu mandato e, mesmo que não conseguisse fazer seu sucessor, para ele bastaria preservar o "condomínio do *pemedebismo*". E isso Moreira conquistou. Brizola venceria a eleição de 1990 e voltaria ao governo do estado. No entanto, teria que se render ao esquema montado pelo seu antecessor.

A avaliação feita pelo *Jornal do Brasil* sobre os 100 dias do governo corroborou a identificação de Moreira como um "hábil negociador político" que, ao contrário de seu antecessor, mantinha um bom relacionamento com o governo federal, o qual, a partir de então, começara "a olhar o estado do Rio de Janeiro com outros olhos, reconhecendo-o, afinal, como membro efetivo da União" (Os cem..., 1987). O que se dizia era que a fusão estava finalmente se concretizando pelas mãos de um político que tinha um pé nos dois antigos estados, na Guanabara e no estado do Rio. A aposta era de que, depois de dois governadores francamente descompromissados com a fusão – por motivos diferentes, é certo –, Moreira conseguiria que a soma de 1 (Guanabara) + 1 (estado do Rio) finalmente desse 1 (estado do Rio de Janeiro).

Em 1988, segundo ano de governo, Moreira se veria diante do desafio de apresentar um candidato a prefeito da cidade do Rio de Janeiro. Diante do fracasso da administração de Saturnino Braga (PDT, 1986-89), que havia gerado a falência financeira dos cofres municipais, havia a crença de que Brizola não conseguiria emplacar outro nome de seu partido à frente da capital do estado. Quem sabe o PMDB conseguiria destronar o PDT da prefeitura da capital? O candidato de Moreira deveria atender a uma série de requisitos, e o suplente de senador, o ex-deputado federal José Colagrossi, que fora um dos principais coordenadores da campanha de Brizola em 1982, e que, preterido no PDT, ingressara no PMDB, parecia uma boa indicação. Havia, no entanto, que pavimentar a estrada de Colagrossi rumo ao Palácio da Cidade. Os buracos eram muitos, e o governador tentou tampar alguns deles. Em maio, colocou-o na presidência da Fundação Leão XIII para imprimir um ritmo político aos programas sociais do governo, em áreas sensíveis ao eleitorado brizolista, como a da assistência ao menor abandonado e aos mendigos.

Na verdade, desde o início de 1988, Moreira vinha reorganizando o PMDB, promovendo filiações em massa para acabar com os diretórios zonais que eram, em sua maioria, cartoriais. No entanto, em meados daquele ano, o partido foi atropelado pela transferência de vários deputados estaduais para o recém-criado PSDB. Além disso, dos 13 deputados federais eleitos pelo partido no estado em 1986, sete pediram desligamento. Com isso, o PMDB chegou bastante enfraquecido à convenção de agosto de 1988, na qual Colagrossi foi indicado para representar o partido na eleição para a prefeitura da capital. Embora tivesse conseguido o apoio do PFL, Colagrossi não conseguiu unir os pemedebistas em torno de seu nome e as principais lideranças do partido estiveram ausentes da campanha. Assim, em 15 de novembro de 1988, o candidato do PMDB obteve apenas o quinto lugar na disputa, decidida em favor de Marcello Alencar, do PDT. Sarney não gostava de Moreira, que não gostava de Marcello... e assim seguia o baile da política do Rio de Janeiro.

3. O nome dele é Gilberto! — o *Palerj*

> Ele não é diretor de trânsito, chefe de polícia, prefeito, e, muito menos, governador do estado. Foi eleito com apenas 20.799 votos, mas, mesmo assim, tem poderes para influir – muitas vezes com o aval do governador Moreira Franco – em qualquer área da administração pública. [O nome..., 1987]
>
> Se você tem um Poder Executivo submisso ao Legislativo, aí você tem *Palerj*. "Você quer governar por decreto? Fechou? Fechou. Entregou? Entregou. Pode mandar a lei, que a gente aprova em 24 horas." Isso daí vem desde o Chagas. Estou falando do Brizola também.[2]

---

[2] Entrevista do ex-prefeito César Maia aos pesquisadores Marly Motta e Américo Freire, jul. 2006.

Os dois textos anteriores possuem o mesmo pano de fundo: o poder da Alerj na política fluminense. O artigo do *Jornal do Brasil*, sugestivamente intitulado "O nome dele é Gilberto" – em uma clara referência ao *jingle* da campanha de Moreira ao governo estadual –, remetia ao nome do poderoso presidente da Alerj, Gilberto Rodriguez (1987-91). Já o segundo texto é um trecho de uma entrevista concedida pelo então prefeito da capital, Cesar Maia (1993-97, 2001-09). Nela, também, colocou-se em evidência o protagonismo do Legislativo estadual *vis-à-vis* o Executivo, na medida em que aquele Poder – ironicamente designado por Maia como o "Partido da Assembleia Legislativa do Estado do Rio de Janeiro", o *Palerj* – passou a ter e a defender interesses próprios, muitas vezes acima das filiações político-partidárias.

Durante sua gestão, Moreira Franco manteve um bom relacionamento com a Assembleia Legislativa por meio de seu presidente, Gilberto Rodriguez, também do PMDB. Com o apoio da maioria, o governador conseguiu que quase todas as mensagens enviadas à Assembleia fossem aprovadas sem grandes dificuldades. Pode-se imaginar aqui que Moreira tenha seguido o mesmo traçado de Chagas Freitas. Ledo engano, repito. Primeiro, porque quem tinha o bastão era o governador, e não o presidente da Alerj. A Chagas, cabia as iniciativas de indicar quem iria presidir a Assembleia e de estabelecer as prioridades da agenda parlamentar. Apadrinhado pelos presidentes-generais, Chagas dispôs, em seus dois mandatos, de instrumentos autoritários capazes de enquadrar os deputados mais renitentes do grupo dos chamados "autênticos" do MDB. Moreira, por seu lado, teve que dividir o bastão com o presidente do Legislativo estadual, em boa medida como resultado dos poderes a este conferido pela Constituição estadual de 1989. Gilberto Rodriguez tinha poder, de fato, para influir na administração pública – "às vezes", com o aval do governador. Moreira não tirou o nome de Rodriguez da cartola, como Chagas costumava fazer. Rodriguez, como outros que se seguiriam – Cabral, Picciani –, se impôs pelo capital político que amealhou em mais de uma década ocupando postos-chave na Alerj. Finalmente, a relação dos deputados com Chagas era de dependência e de dívida pelo apoio que recebiam de *O Dia*. Aqueles que não atendiam aos padrões chaguistas eram sumariamente retirados da lista de candidatos que o jornal divulgava. Moreira, por seu lado, foi obrigado a conviver com a crescente dose de autonomia da Alerj, que se consolidaria ao longo do tempo, obrigando, de certa forma, os(as) governadores(as) a se sentarem para negociar com o que o ex-prefeito Cesar Maia chamava de *Palerj*.

Animada pelos novos ares da democracia, e embalada por um alto índice de renovação, a Alerj presenciou o movimento de um grupo de novos deputados que contestava o regime interno, e reivindicava participação efetiva nas comissões técnicas, empunhando a bandeira da democratização do Legislativo. A postura do então presidente da Alerj, Gilberto Rodriguez, marcou posição perante o papel que a Casa deveria ter como um dos Poderes constitutivos do estado. Algumas balizas foram estão fincadas. A "rebelião" teria vida curta e poderia ser creditada apenas ao ímpeto natural dos novatos. O ponto crucial defendido pelo presidente era de que a Assembleia eleita em novembro em nada se parecia com a que havia ratificado os atos de Chagas Freitas, e muito menos com aquela que havia abrigado "cenas de ódio e radicalismo" durante o governo Leonel Brizola. E concluiu: as divergências partidárias não desapareceriam, mas, na hora de defender as prerrogativas, a soberania e a dignidade do Legislativo, todos deveriam se unir. Para passar das palavras à ação, não economizou elogios ao líder do PDT, Eduardo Chuahy; entusiasmou-se com a capacidade de articulação do líder do PSB, Milton Temer; e convidou a comunista Jandira Feghali para integrar a comitiva que representaria a Alerj em uma reunião da União Parlamentar Interestadual, em Manaus, na segunda quinzena de abril (Assembleia..., 1987).

Quem era Gilberto Rodriguez? Gilberto Rodriguez iniciou sua carreira política em 1962, como vereador em Nilópolis (RJ), onde foi prefeito (1970). No ano seguinte, deu início à sua longa trajetória no parlamento estadual, pelo MDB do antigo do estado do Rio (1971-79), tendo aí ocupado o cargo de segundo vice-presidente (1973-75). Após a fusão da Guanabara com o estado do Rio, foi o relator geral da Comissão Constitucional encarregada de elaborar a Constituição estadual. Entre 1977 e 1979 foi o terceiro vice-presidente da Alerj e líder do MDB. Sobrevivente do *tsunami* brizolista, foi reeleito em 1982 e 1986, e assumiu a primeira vice-presidência da Casa (1985-87). Em 1987, com esse rico capital político amealhado em mais de uma década na Alerj, e com o apoio do recém-eleito governador do estado, Rodriguez chegou à presidência do Legislativo estadual, onde permaneceu até 1991, tornando-se o primeiro presidente da Casa a exercer dois mandatos sucessivos.

Sobre as relações com o Executivo, Rodriguez foi explícito: "Eu fiz um acordo político com o Moreira, e ele achou que eu poderia ser um bom presidente para ele." Afinal, Rodriguez havia sido um dos primeiros a defender a candidatura de Moreira dentro do MDB, a ponto de ficar conhecido como "Sendero Luminoso" pelos petardos que lançava contra a candidatura de Nelson Carneiro. Não escondeu também que sua marca como presidente era ser "fiel cumpridor de acordos": "Eu não dava *chuveirinho*, não. Eu dava banho, com sabão, tudo. Porque eu cumpria tudo. *Chuveirinho* tem um lado de engodo [...]. Dá um agrado, um elogio e tal, e o cara vai embora. Eu nunca fiz isso."[3] A imprensa traçou um perfil da atuação de Rodriguez na Alerj que pode ser resumido em uma curta frase: "Só passa o que ele quer." Ligado anteriormente ao esquema político de Chagas Freitas, mas dono de um jogo de cintura invejável, exercia considerável influência sobre a Polícia Civil, onde muitos delegados seguiam rigorosamente sua orientação. A tal ponto que o secretário de Segurança, Hélio Saboya, pensou em ligar para a Espanha – onde estava o deputado – a fim de discutir o afastamento do delegado da Vigilância Sul.

[3] A entrevista de Gilberto Rodriguez está em Motta e Sarmento (2001:207-231).

A Rodriguez foi delegada a missão de contornar as resistências da oposição aos projetos e às iniciativas do novo governo. Com base em experiência anterior, quando conseguiu negociar a indicação de quatro secretários do PMDB para o governo Brizola, o presidente da Alerj passou o pano em uma prometida devassa na administração brizolista, e, dessa maneira, conseguiu que a bancada do PDT pouco se manifestasse em críticas aos atos de Moreira. Não é difícil entender o valor do apoio de um presidente que era um dos maiores conhecedores dos meandros do Legislativo, o que viria a facilitar – e de fato facilitou – o controle de aprovação ou veto a projetos do Executivo.

Pela importância que a Fetranspor sempre teve na política carioca e fluminense, é relevante citar a discussão suscitada pelo projeto enviado por Joseph Barat, secretário dos Transportes, propondo mudanças na administração do sistema de ônibus. Só para lembrar, a gestão anterior havia aprovado a estatização do setor por meio da CTC, e a proposta previa a volta das concessões públicas para o funcionamento do serviço privado. Os deputados apresentaram emendas que aumentavam a fiscalização, permitiam auditorias nas empresas e maior participação das comunidades nas decisões. Gilberto não gostou do projeto, e, quando este chegou ao Palácio Guanabara, teria influenciado o governador a vetar tanto as ideias apresentadas pelos parlamentares como boa parte do texto original de Barat, contra quem teria organizado um *lobby* para "derrubá-lo do cargo". Sobre as reclamações dos oposicionistas em relação à rapidez das votações simbólicas, Rodriguez foi curto e grosso: "Não trabalho com amadores" (Presidente..., 1987).

"Ambiguidade", esta foi a palavra mais comum na boca de políticos do Rio por ocasião da avaliação dos dois primeiros anos de governo de Moreira Franco. O teor das críticas é variável. O deputado federal Ronaldo Cézar Coelho, que fizera campanha para Moreira em 1986 e, posteriormente, foi um dos primeiros a trocar o PMDB pelo PSDB, classificou o governo como "uma grande decepção", já que não havia conseguido, a seu ver, "modernizar e renovar as práticas políticas do Rio de Janeiro". O ponto crucial, na avaliação do social-democrata liberal, é que Moreira renovara a "aliança com o clientelismo e a corrupção", bem como havia referendado "o loteamento público-fisiológico da administração". E acusou: "O governo não tem um projeto, uma marca, porque a personalidade ambígua de Moreira se sobrepôs ao governo." Já o também deputado federal, Miro Teixeira, ex-pemedebista que havia migrado para o PDT, considerava que o estilo político ambíguo do governador casava com a ambiguidade de seu próprio partido, o PMDB (Dois..., 1989). Era o *pemedebismo* em formação/ação, que iria, com tijolos de diversas cores e matizes, construir uma cultura política característica do espaço político fluminense.

Embora feitas pela oposição, as críticas ao governo Moreira se colaram, em boa medida, aos embalos da campanha presidencial solteira, marcada para novembro de 1989, ao adicionar novos elementos que mexeram com o cenário político fluminense. Depois do sucesso retumbante do PMDB nas eleições de 1986, graças, em grande parte, ao sucesso do Plano Cruzado, a ressaca eleitoral veio três anos depois com o fracasso do controle inflacionário. A disputa para a primeira eleição direta desde 1960 passaria longe do partido que comandara a transição democrática. A candidatura de Ulysses Guimarães, o Senhor Diretas, não decolou e nem chegou a animar as hostes pemedebistas no estado, que trataram de se aproximar dos candidatos mais competitivos. Um deles era Leonel Brizola, do PDT, rival direto de Moreira na política estadual. Estava claro que, se Brizola não fosse para o segundo turno da corrida presidencial – de fato, o ex-governador perdeu o lugar para Lula, apesar dos mais de 50% de votos que obteve no estado –, concorreria para voltar ao Palácio Guanabara em 1990. Muitos daqueles que haviam migrado do PDT para o PMDB não tardaram a empreender a marcha de volta ao antigo ninho brizolista. Igualmente ameaçadora à hegemonia pemedebista no estado foi a adesão de muitos políticos fluminenses à candidatura de Fernando Collor. Na Baixada e no interior, as baixas nas fileiras do PMDB foram expressivas. Já a ala mais esquerdista do partido, que em 1982 e 1986 apoiara as candidaturas Miro e Moreira, respectivamente, foi atraída por Lula, que obteve, no Rio, uma votação próxima da de Collor.

A trajetória de Moreira à frente do estado foi encerrada com dois episódios que desmoralizaram uma das promessas mais polêmicas de sua campanha: acabar com a violência em seis meses. Em junho de 1990, foi sequestrado o publicitário Roberto Medina, dono da Artplan, uma das mais famosas agências de publicidade do país. Este sequestro vinha engrossar uma onda desse tipo de crime que atingia variados segmentos da sociedade carioca. No caso específico do cativeiro de 21 dias de Medina, libertado após o pagamento de resgate, o custo político foi a revelação de uma teia de relações entre sequestradores e pessoas próximas ao centro do poder no Rio: o mentor intelectual, conhecido como professor Nazareno, foi preparador físico do ex-presidente Figueiredo, assessor de Nelson Moreira Franco, irmão do governador, e integrante do quadro de funcionários do Tribunal de Contas do Estado. Em fevereiro de 1991, às vésperas de passar o cargo para Brizola, outro episódio igualmente desgastou a imagem de Moreira, ao receber, no Palácio Guanabara, os bicheiros Anísio Abrahão David e Carlinhos Maracanã, que vieram agradecer pelo financiamento do Museu do Carnaval.

Ao contrário das duas eleições diretas anteriores para o governo estadual, marcadas por disputas acirradas, a de 1990 foi ganha por Leonel Brizola com larga margem de diferença em relação ao segundo colocado, Jorge Bittar, do PT. Com 60% dos votos, foi um dos governadores mais bem votados do país. *E agora, Rio?* O que esperar da volta do líder carismático, cuja missão de vida era chegar à presidência da República?

Capítulo 5

A social-democracia trabalhista

1. A volta de Brizola e a nova face do trabalhismo

A volta de Brizola ao Guanabara, em março de 1991, se deu em um cenário político que se modificara bastante ao longo do período em que ficara longe do poder. No entanto, seu plano A continuava o mesmo: as próximas eleições presidenciais seriam em 1994, e ele queria tentar de novo. Por isso mesmo, a composição de sua candidatura ao governo estadual em 1990, cuja vitória era vista como favas contadas, visou muito mais à futura disputa pelo Planalto do que aquela pelo Palácio Guanabara. Por isso mesmo, Brizola buscou atrair os tucanos fluminenses, oferecendo-lhes a vaga de vice, que acabou sendo recusada, uma vez que o PSDB decidiu ter candidatura própria ao governo do estado. No mesmo intuito, manteve o discurso nacionalizado, e procurou assumir a liderança da oposição ao governo Fernando Collor (1990-92), que lançara o ambicioso Plano Collor no início do mandato. Resultado: Brizola venceu a eleição no primeiro turno com larga diferença para o segundo colocado, o petista Jorge Bittar.[1] Era a retomada da marcha para Brasília.

De modo geral, setores da imprensa, que o haviam criticado duramente ao longo de seu primeiro mandato, receberam a volta de Brizola de maneira "auspiciosa". Esse "momento de esperança"

---

[1] Brizola: 3.456.876 votos; Bittar: 1.010.081 votos.

devia-se não só à avaliação negativa da "desastrada administração" de Moreira Franco como à perspectiva de um possível "entendimento com Brasília" (Momento..., 1991). A Conferência Internacional do Meio Ambiente, prevista para se realizar na cidade do Rio de Janeiro em junho de 1992, exigiria dos dois governantes, Collor e Brizola, esforços comuns em prol do sucesso do empreendimento que colocaria o Brasil e o Rio no centro dos olhares do mundo.

Os benefícios dessa aproximação eram, em uma ponta, a rolagem das dívidas do estado e o financiamento federal da Linha Vermelha, e, em outra, a redução do ímpeto oposicionista de Brizola ao "filhote da ditadura" – como ele chamava Collor –, que precisava ampliar sua base de apoios, até então restrita a políticos novatos e velhas raposas egressas do regime militar. Em troca da garantia de recursos para a realização de seus projetos, Brizola resolveu barganhar com o governo federal certo suporte político, traduzido na oferta de "experiência acumulada" ao longo dos anos, em especial na área da educação, onde pontificava graças ao sucesso dos "brizolões", os Cieps (Collor..., 1991b; Brizola..., 1991). O coroamento desse relacionamento foi expresso no discurso de Collor em junho de 1991: "O Rio terá o apoio de que necessita para se transformar na grande capital desse país. O Rio traz no seu espírito um pouco de todas as qualidades, que são inúmeras, do povo brasileiro, e por isso nós temos que lhe dar uma atenção muito especial" (O começo..., 1991).

As negociações entre Collor e Brizola parecem igualmente ter resultado da necessidade mútua de dois políticos que, malgrado o poder que tinham, careciam de estruturas político-partidárias com capilaridade nos municípios, como era o caso do PMDB e do PFL, ou ainda, mais próximas de movimentos sociais e sindicatos, como o PT. A tentativa de namoro de Collor com o PSDB, apesar de vista com simpatia por alguns membros do partido, como o então senador Fernando Henrique Cardoso, não deu em nada pela resistência oferecida pelo também senador Mário Covas. Naquele momento, o aceno ao entendimento feito por Brizola dava fôlego ao presidente para enfrentar a oposição no Congresso (Collor..., 1991a). Como bem resume o jornalista Villas- Bôas Corrêa, "se Collor ansiava por credencial para dialogar com a esquerda, rompendo o círculo de giz que o sufocava na apertura conservadora, Brizola encontrou no presidente a disposição de ajudá-lo a realizar o governo que resgatasse os compromissos de campanha" (Governo..., 1991). Resgatar os compromissos de campanha, fazer um governo bem avaliado pela população fluminense e, sobretudo, pelo eleitorado nacional, era o que movia Brizola em direção ao "companheirão" presidente. Por ocasião dos 100 dias de governo, o *Jornal do Brasil* avaliou positivamente o apoio federal ao governo fluminense, embora lamentando o aumento da criminalidade (Apoio..., 1991).

A aposta de Brizola era alta e, como em toda aposta desse tipo, os riscos eram igualmente elevados. Brizola arriscou muito, e perdeu. Mais uma vez, o experiente político viu fracassarem as jogadas que fez no intuito de obter rendimentos eleitorais futuros. A inauguração da primeira etapa da Linha Vermelha, símbolo maior da cooperação entre os governos federal e estadual, foi realizada em maio de 1992, quando ganhou força a onda de suspeitas de corrupção contra o presidente, a partir das denúncias de seu irmão, Pedro Collor.

Em um primeiro momento, Brizola se colocou junto a outros 21 governadores que se manifestaram a favor de Collor, mas, aos poucos, se destacou no tom desse apoio, chegando a comparar a proposta de *impeachment* feita pela CPI do PC Farias a uma tentativa de golpe. Lançando mão de sua proverbial verve, acusou a mídia e os partidos de oposição de serem "golpistas", "instrumentos dos interesses internacionais" que conspiravam para desestabilizar o governo (Brizola..., 1992b). A perspectiva de instabilidade política resultante das acusações contra o presidente, e a possibilidade, cada vez mais concreta, de seu afastamento do cargo – o que de fato viria a ocorrer – assustavam todos aqueles que, como Brizola, ainda guardavam na memória os eventos traumáticos do passado recente do país. Além, é claro, de destruir o alto investimento que havia feito em favor de uma aproximação com aquele que, durante a campanha de 1989, havia chamado de "filhote da ditadura".

Em agosto de 1992, a crise do governo Collor se agravou com a crescente percepção de que o presidente estava envolvido em denúncias de corrupção. Brizola, apesar de alertado de que remava contra a corrente da opinião pública, isolou-se em um novelo de convicções pessoais, e demorou a se render às evidências que a CPI do PC Farias não parava de mostrar (Brizola..., 1992a). Só no dia 17, quando as multidões já tomavam as ruas das capitais para protestar, Brizola, finalmente, manifestou seu tardio apoio ao movimento *Fora Collor!*. Uma semana depois, no histórico 24 de agosto, Brizola se colocou à frente da passeata de milhares de pessoas, concentradas na Cinelândia, exigindo a saída de Collor.

Para Brizola, tempos mais sombrios se sucederiam aos tempos colloridos. Até mesmo para um político calejado por outras graves crises, a situação era muito complicada. Acostumado ao papel de pedra, Brizola se sentia totalmente desconfortável em ser vidraça, ainda mais por alguém como Collor, com quem não tinha nem mesmo a afinidade de um passado de lutas comuns. Ao mesmo tempo, tinha o desafio de garantir a vitória do PDT nas eleições municipais de outubro seguinte, quando poderia avaliar o tamanho do estrago feito em seu eleitorado.

O estrago eleitoral foi grande, podemos adiantar – a candidata de Brizola à prefeitura do Rio, a deputada Cidinha Campos, nem chegou a disputar o segundo turno, derrotada pelos candidatos do PMDB, César Maia, ex-secretário de Fazenda do governo Brizola, e do PT, Benedita da Silva. Acompanhar a crônica dessa derrota é seguir o caminho que conduzirá à impossibilidade de Brizola de cumprir a missão de sua vida – chegar à presidência da República.

Anteriormente, Brizola já havia errado a mão na relação que estabelecera com importantes lideranças de seu partido. Logo no início do segundo mandato, em maio de 1991, o então deputado federal, Cesar Maia, se desligou do PDT e ingressou no PMDB.

Esse evento foi o resultado de uma série de desentendimentos entre Brizola e Maia, que havia sido um dos principais artífices da campanha brizolista em 1982. Economista, exilado político no Chile, Maia foi secretário da Fazenda (1983-86) e presidente do Banerj (dez. 86/fev. 1987). Deputado constituinte mais votado pelo PDT-RJ, ficou frustrado por ter sido rejeitado para a sucessão de Brizola em favor de Darcy Ribeiro, que acabou derrotado por Moreira Franco em 1986. Progressivamente, ao sabor dos novos ventos neoliberais daquele momento, foi-se afastando do discurso estatizante e desenvolvimentista do PDT, e, por isso mesmo, ficou marginalizado da campanha presidencial de Brizola em 1989. O troco de Maia não demorou. Em 1992, enfrentou e venceu Benedita da Silva, do PT, e Cidinha Campos, a candidata de Brizola, para a prefeitura do Rio. A partir daí, Maia se tornaria uma figura-chave da política carioca e fluminense. Derrotado em suas pretensões ao governo estadual nas eleições de 1998, foi prefeito do Rio por três mandatos (1993-97, 2001-09). Voltaremos a falar dele ainda.

Há que se levar em conta ainda algumas diferenças que marcaram a volta de Brizola ao governo fluminense. Com mais de 60% dos votos, emplacou uma distância bem mais confortável em relação ao segundo colocado, Jorge Bittar, do PT, do que aquela margem muito estreita que obteve em 1982. Diferente também foi a distribuição geográfica de sua votação, já que, ao contrário de oito anos atrás, quando teve seus votos concentrados na capital e na Baixada Fluminense, Brizola obteve um resultado eleitoral mais equilibrado entre o restante do estado e a cidade do Rio. Pode-se mesmo dizer que houve aí um encolhimento relativo do eleitorado brizolista, já que nesta região Brizola fez menos cinco pontos percentuais (55%) do que no estado como um todo (60%). Esse resultado se refletiu na crescente interiorização do PDT, com a consequente redução de sua representação na capital. Se, em 1982, a bancada pedetista da cidade do Rio na Alerj ocupou 17 das 26 cadeiras (65,3%), esse índice foi encolhendo gradualmente, de eleição em eleição: em 1986, dos

17 eleitos, oito eram da capital (47,1%); em 1990, o percentual caiu para 42,9%, já que dos 21 eleitos, apenas nove eram do Rio.

A mudança de perfil da bancada pedetista na Alerj bem como o rompimento com importantes lideranças do partido sinalizavam a necessidade de o governador buscar estabelecer uma relação amistosa com o novo presidente da Assembleia, o que não havia conseguido em seu primeiro mandato. Nada disso aconteceu. A relação entre Brizola e o deputado José Nader foi a pior possível, a ponto de este ser apontado como o "inimigo número um do governo na Alerj". Logo nos primeiros dias do governo, o *Jornal do Brasil* noticiava o rompimento com Nader e sua expulsão do PDT: "O deputado José Nader traiu o PDT, aliou-se aos representantes do governo Moreira e atingiu intento de presidir a Alerj [...]. Ao PDT não restou alternativa senão tomar a iniciativa de expulsar de suas fileiras o sr. Nader" (Nader..., 24 mar. 1991). José Nader era oriundo de Barra Mansa, na região Sul do estado, e construiu sua trajetória como deputado estadual ocupando diversos cargos na Mesa Diretora da Alerj. No final de 1984, já no fim do governo militar, saiu do PDS e ingressou no PDT. Dono de quatro mandatos, em 1989 se tornou o primeiro-secretário da Casa, de onde saltou para a presidência, aí permanecendo até 1995, quando foi substituído por Sérgio Cabral.

O rol das dificuldades internas do segundo governo Brizola podia começar por Nader, mas não se encerrava aí, adianto. Não conseguir emplacar um aliado para presidir a Assembleia é o pesadelo de qualquer governador. O candidato de Brizola era o deputado Carlos Correia, mas Nader se impôs ao obter o apoio do PMDB. Os esforços para formar um "bloco do governo" esbarravam na dificuldade do governador de acatar nomes indicados pelos parlamentares para ocupar cargos não preenchidos no Executivo. Para piorar, o deputado Luiz Henrique Lima não foi bem aceito pelos parlamentares para liderar a bancada; daí a necessidade de escolha de um novo nome capaz de facilitar a negociação com o Legislativo (Nader...,

1991). A estratégia do governo foi adotar a prática de legislar por decreto, o que refletia o péssimo relacionamento entre o Executivo e o Legislativo. As duas únicas mensagens enviadas pelo governo à Assembleia foram recusadas: a primeira pedia autorização para Brizola e o vice se ausentarem do país; a segunda estabelecia sanções para discriminação racial no estado.

O cenário político se agravou com a crise entre o governador e o prefeito da capital, Marcello Alencar, seu amigo de fé, irmão, camarada. A crise entre os dois se originou da decisão do prefeito de, em função de melhores condições de rendimento e liquidez do que as oferecidas pelo Banerj, aplicar uma vultosa soma de recursos em bancos públicos de outros estados, como o Banco Regional de Brasília (Marcello..., 1991). O prefeito acabou recuando, mas a cisão começou a tomar proporções de rompimento em 1992, por ocasião da escolha do candidato à sucessão na prefeitura da capital, tradicional reduto brizolista. Desde a histórica votação na antiga Guanabara, em 1962, Brizola aí mantivera excelentes índices de votação para si mesmo e para os candidatos que indicou: com exceção de Darcy Ribeiro em 1986, venceu em 1982, 1985 (Saturnino Braga), 1988 (Marcello Alencar) e 1990. Para quem tinha pretensão de concorrer ao Planalto em 1994, a vitória na cidade maravilhosa seria indispensável. E Brizola perdeu.

Em fevereiro de 1991, pouco antes da posse de Brizola, o prefeito carioca deu uma longa entrevista na qual levantou alguns pontos delicados na futura relação com o governador (*Jornal do Brasil*, 5 fev. 1991). Em primeiro lugar, fez questão de marcar a fidelidade devida ao "líder, companheiro e melhor amigo", ao mesmo tempo que indicava a intenção de levar sua carreira política para além dos limites da capital. Por aí se pode entender o tom de lamúria da frase: "Brizola pode me trazer problemas; coisas como priorizar a relação política em desfavor da administração." Em sua primeira passagem pela prefeitura (1983-85), indicado por Brizola, Marcello havia sido reconhecido como um "bom administrador", com investimentos em obras de infraestrutura, principalmente na Zona Oeste. Estas deveriam pavimentar seu caminho rumo ao Palácio Guanabara.

Mas havia uma pedra no caminho de Marcello. Como sua candidatura à sucessão de Brizola se encaixaria nos planos do atual governador de chegar a Brasília nas eleições presidenciais de 1994? A verdade é que, apesar dos laços de companheirismo que os uniam, o prefeito eleito em 1988 começou a articular um "grupo próprio" dentro do PDT, formado por políticos mais novos que buscavam espaço fora do círculo brizolista mais fechado. A campanha presidencial de Brizola em 1989 permitiu que o prefeito estendesse sua influência na Zona Oeste do Rio, forte e tradicional reduto do trabalhismo desde os anos 1950. Desse modo, ocorreu um progressivo esvaziamento da até então incontestável liderança de Brizola dentro do PDT, com a divisão provocada pelo êxodo de Cesar Maia para o PMDB, e com as fissuras na relação com Marcello Alencar.

Voltado para a política nacional, e com a base partidária fragmentada pela dissensão de figuras-chave, o governador confiou demais no carisma, e pouco fez pela política rotineira de amarrar alianças e apoios na Alerj, com quem, aliás, mantinha uma relação muito tensa. Esse foi o ambiente político favorável ao fortalecimento do *Palerj*, uma vez que se abriu o espaço para a atuação do ex-presidente, Gilberto Rodriguez, como coordenador principal do foco de resistência antibrizolista do Legislativo (Ex-presidente..., 1991). Postos vitais para a tramitação de nomeações ainda continuavam nas mãos de Rodriguez, o que, na visão de opositores, se assemelhava a um rabo de lagartixa que, mesmo cortado, crescia de novo. Ameaças de *impeachment* foram postas na mesa da presidência caso o governador se recusasse a repassar as verbas demandadas pela Casa. Chamado de Dom Corleone, em alusão ao Poderoso Chefão, Nader sentou em cima do orçamento, e não escondia sua intenção de "prejudicar qualquer iniciativa do governador Leonel Brizola" (José..., 1991). O qual, por sua vez, nada fazia para apaziguar os espíritos e buscar algum tipo de conciliação com vistas à aprovação dos projetos de iniciativa do Executivo. Ao contrário. Bem ao seu estilo, de maneira rude e direta, proclamou a existência de um "complô de deputados contra o governo".

Apesar da persistência de políticos da velha geração trabalhista nos quadros do PDT, o partido começaria, a partir dos anos 1990, a abrigar novos nomes, alguns deles oriundos de atividade rural, como foi o caso do pecuarista Jorge Picciani. Acionado por Brizola em diversas oportunidades contra Nader, foi galgando posições de confiança junto ao governador, chegando mesmo a ser cogitado para concorrer à presidência da Alerj com o fito de impedir a reeleição de Nader. No entanto, foi o deputado Leoncio Vasconcelos quem acabou enfrentando, e sendo derrotado por Nader. Picciani entrou na reforma do secretariado empreendida por Brizola em meados de 1993, vindo a ocupar a secretaria de Esporte e Lazer. Reeleito em 1994, no ano seguinte se transferiu para o PMDB, onde construiu uma sólida carreira que o levou à presidência da Casa por vários mandatos.

Em janeiro de 1992, os principais nomes do PDT para a disputa à prefeitura do Rio já estavam na mesa: além da radialista Cidinha Campos, preferida de Brizola, eram citados Luiz Paulo da Rocha, indicado pelo prefeito Marcello Alencar desde setembro do ano anterior, além de outros menos votados, como Miro Teixeira, Luiz Salomão e Bocayuva Cunha. Sobre a primeira, dizia-se que era a "preferida do eleitorado", embora enfrentasse resistências junto aos "cardeais" do partido (RJ..., 12 jan. 1992). Já o lançamento prévio feito pelo prefeito, sem o explícito beneplácito do governador, contrariou uma das regras básicas de convivência política dentro do PDT: a de que as iniciativas deveriam sempre partir de Brizola. Para embaralhar o quadro eleitoral, em que o candidato(a) do governador era considerado(a) o(a) virtual vitorioso(a), foi apresentado, em fevereiro, o nome de Jaime Lerner, ex-prefeito de Curitiba, avaliado como um administrador público bem-sucedido.

Dona de um programa de rádio com ampla penetração nas camadas populares, Cidinha, de acordo com a pesquisa do Ibope, disparou na frente dentro do PDT, com 43%, contra os 7% de Lerner e o 1% de Luiz Paulo. Em relação a candidatos de outros partidos, igualmente mantinha uma boa distância: tinha 38%, contra 9% de César Maia e 6% de Benedita da Silva (Cidinha dispara..., 28 mar. 1992).

Esse aparente céu de brigadeiro começou a ser toldado pela disputa surda entre o prefeito carioca e o governador. Usando as armas de um verdadeiro chefe partidário, em que as decisões são impostas de cima para baixo, e temendo o poder demonstrado pelo prefeito de organizar e arregimentar as bases, especialmente na Zona Oeste, Brizola cancelou as convenções que indicariam os delegados à convenção estadual, designada para escolher o candidato do partido ao pleito municipal. O motivo alegado para essa intervenção foi a denúncia de que o candidato de Marcello teria oferecido emprego a delegados do PDT em troca de votos (PDT..., 1992a). Ainda em maio, Brizola manifestou explicitamente seu apoio a Cidinha, justificado pelo PDT não como uma escolha pessoal do governador e sim uma "manifestação da sociedade" (PDT..., 1992b).

Habituado a ter controle absoluto sobre as decisões do partido, Brizola se aborrecia com o que considerava perda de tempo e energia com as querelas da política local. Seu alvo maior era a política nacional, tanto que não sentiu nenhum constrangimento em proclamar que pretendia transformar sua campanha contra a Rede Globo em uma das principais bandeiras do partido na eleição municipal (Globo..., 1992). Mais uma vez, Brizola investia na nacionalização da disputa, deixando de lado as questões específicas que afetavam o cotidiano dos moradores da cidade do Rio de Janeiro. Só que, ao insistir nessa postura tradicional de fazer do Rio uma ponte para a política nacional, desconsiderava uma pesquisa de opinião que o colocava bem atrás do prefeito em termos de avaliação dos respectivos governos: enquanto Marcello ostentava 32% de aprovação e 23% de rejeição, Brizola tinha 19% e 39% respectivamente.

Não foi surpresa que a aproximação de Brizola com Collor tivesse se tornado um elemento importante na campanha municipal. Na medida em que a crise nacional se agravava, Cidinha Campos, a candidata do PDT, vinha buscando marcar distância em relação ao presidente da República: não apenas se declarou orgulhosa de ter sido a primeira a pedir o seu *impeachment*, como fez campanha na Zona Oeste vestida de preto, cor escolhida pelos manifestantes para responder à convocação de Collor para o povo sair às ruas de verde e amarelo (Cidinha..., 17 ago. 1992).

Se no início de setembro Cidinha contava com 35% de intenção de voto, esse índice foi caindo – no dia 24, tinha 18% contra 17% de Benedita e 9% de César Maia – no mesmo ritmo da queda do presidente Collor, cujo afastamento do governo ocorreu no final do mês. Cinco dias depois, a candidata petista saltava à frente com 22%, deixando Cidinha para trás com 18% (Ibope..., 1992; Benedita..., 1992). A expectativa de ir para o segundo turno acabou sendo frustrada com a abertura das urnas, que deram a vitória a Benedita (32,9%) e César Maia (21,7%).

Esperando o bônus da vitória, Brizola acabou ficando com o ônus da derrota. Ao contrário das anteriores – em 1986 e 1989 –, esta lhe deixou uma herança maldita. Em primeiro lugar, porque provocou uma profunda desestruturação interna na seção fluminense do PDT, uma das mais fortes em termos nacionais. O pemedebista César Maia, que havia sido muito próximo de Brizola, acabou vencendo a eleição, com o apoio, especialmente na Zona Oeste, de Marcello Alencar, que trocou o PDT pelo PSDB, pelo qual se elegeria governador em 1994.

As eleições de 1992 provocaram transformações importantes no mapa político fluminense. Após 10 anos de hegemonia, a Baixada Fluminense e a Zona Oeste da cidade do Rio, até então fortes redutos brizolistas, ligaram-se a outros políticos, como Marcello Alencar, que aí haviam feito um pesado investimento em obras públicas e na formação de uma rede de cabos eleitorais, visando, sem dúvida, ao rico manancial de votos a ser explorado em ambas as regiões (Eleição... 1992; Zona..., 1992). Mesmo conhecendo os riscos de disputar um lugar ao sol, Marcello não queria continuar a ser uma estrela de segunda grandeza, dependente das decisões de Brizola, quase sempre guiadas pelo jogo da política nacional. Ao mesmo tempo, confiante na força de sua autoridade para dirimir as querelas locais, Brizola foi incapaz de barrar a formação do esquema marcellista, com o qual o prefeito contava para chegar ao Palácio Guanabara em 1994. Pela primeira vez, um nome indicado por Brizola foi derrotado na Zona Oeste: Benedita (32,8%) ganhou de Cidinha (26,3%). A própria direção do PDT compreendia que a vitória obtida em 25 prefeituras do interior não cobria a derrota sofrida na capital e na Baixada e, por isso mesmo, era obrigada a reconhecer que o partido corria o risco de não eleger o sucessor de Brizola.

A derrota na capital fluminense sinalizou ainda um profundo desgaste na imagem de Brizola, com sérias repercussões em sua posterior trajetória eleitoral. De um lado, instalou-se certa desconfiança em relação às bandeiras que ele tradicionalmente defendia – nacionalismo, estatização, luta contra os poderosos – e que teriam sido "vendidas" no apoio a Collor. De outro, a eleição de César Maia, brandindo o lema da restauração da lei e da ordem, era um indicativo de que o eleitorado carioca começava a associar a desordem urbana e o crescimento dos índices de violência na cidade à figura de Leonel Brizola. A defesa dos direitos humanos, uma de suas mais caras bandeiras, foi sendo demonizada, e frequentemente responsabilizada pela falta de energia do aparato de segurança no combate aos criminosos.

A perda de apoio em setores populares e de classe média não foi compensada por uma aproximação efetiva com setores empresariais do estado representados na Firjan, em que pese o bom relacionamento com a Flupeme, associação de pequenas e médias empresas liderada por Benito Paré. Com sua política social sendo alvejada de todos os lados, Brizola não conseguiu articular uma proposta de política econômica capaz de rivalizar com o Plano Real, lançado em meados de 1994, cujos dividendos eleitorais não se fizeram esperar. A marcha para Brasília, que parecia inflada com a vitória de 1990 no Rio de Janeiro, foi interrompida de maneira melancólica. Nas eleições presidenciais de 1994, vencidas no primeiro turno por Fernando Henrique Cardoso, Brizola ficou com apenas 2,6% dos votos, sofrendo uma humilhante derrota e ficando em quinto lugar, atrás do folclórico Enéas Carneiro e de Orestes Quércia.

Brizola morreu em 2004, aos 82 anos, sem cumprir sua missão: conquistar a presidência da República. No entanto, sem ele, é impossível compreender a política brasileira das últimas décadas. Brizola foi um dos atores fundamentais do processo de redemocratização quando, contrariando as previsões de meio mundo, ganhou as eleições no Rio de Janeiro. Confiou mais no *feeling* político do que na montagem de redes de alianças que ampliassem sua base para além do PDT, e despertou, ao mesmo tempo, a veneração de setores das camadas populares, a desconfiança das classes médias e o receio das elites conservadoras. Governador por duas vezes do estado do Rio de Janeiro, não conseguiu transformar essas administrações em alavancas capazes de conduzi-lo do Guanabara para o Planalto. Em parte, porque fez apostas equivocadas em conjunturas marcadas por alta dose de imprevisibilidade; em parte, porque seus adversários o identificaram como o principal competidor na arena política e procuraram isolá-lo; mas, sobretudo, porque, ele mesmo, não conseguiu quebrar esse isolamento. Como nos ensina Marcos Nobre, a cultura política do *pemedebismo* acabou prevalecendo e moldou, a partir de então, a estrutura política fluminense.

2. Marcello Alencar, um homem de partido

> Ninguém ganhava do Brizola no PDT, porque ele tinha botado a *alma* dele ali. Foi quando Covas me convenceu e fui para o PSDB, que também agregava os companheiros que tinham ido para o exílio, muitos setores de esquerda. A nossa social-democracia foi constituída ali. Até ficou um pouco de *salto alto*, porque pegou pessoas de nível mais universitário. E você tem que viver para se agregar a uma política. Brizola tinha essa vantagem, conhecia o *sofrimento*. Uma coisa é ser *teórico* [...]; outra coisa é ter *vivência*.[2] [grifos nossos]

Perguntado sobre sua saída do PDT, partido do qual foi um dos fundadores junto com Leonel Brizola, em 1980, e seu ingresso no PSDB 13 anos depois, levado pelas mãos do paulista Mário Covas, Marcello Alencar fez uma interessante comparação entre os dois partidos. Em sua resposta, o ex-governador fluminense (1995-1999) lançou mão de dois pares opostos para caracterizar, de um lado, a social-democracia de Fernando Henrique Cardoso e, de outro, o trabalhismo de Brizola. A primeira foi definida por meio de uma imagem exemplar – "salto alto" – usada para qualificar os "universitários" que, a exemplo de Fernando Henrique, teriam construído o modelo social-democrata no Brasil. Já o trabalhismo – de Vargas, Jango e Brizola – seria marcado, menos por uma racionalidade ligada ao conhecimento e ao saber, e mais por sentimentos de emoção, aqui representados por palavras como "sofrimento" e "alma". A esta oposição – "salto alto" × "sofrimento" – Marcello conectou, até por decorrência, outra, que contraporia "teoria" a "vivência". Uma coisa era a "teoria" dos tucanos; outra, a "vivência" dos trabalhistas.

---

[2] A entrevista de Marcello Alencar, englobando um total de 22 horas, foi concedida aos pesquisadores Marly Motta e Carlos Eduardo Sarmento (FGV CPDOC), entre novembro de 2005 e março de 2006, para compor a série "Conversando sobre Política", parte do projeto *Memória política carioca e fluminense*, resultado do convênio entre o CPDOC e a Alerj.

A aposta político-partidária feita então visava a incorporar essa longa "vivência" do trabalhismo, especialmente na cidade do Rio de Janeiro, às "teorias" do tucanato, construídas sobretudo em cima da realidade socioeconômica de São Paulo. Mais uma vez, o estado do Rio de Janeiro seria um laboratório para o experimento político do chamado projeto social-democrata trabalhista, o qual, no entanto — já vamos adiantando —, não conseguiria formar um eixo articulado de poder capaz de se contrapor à tradicional hegemonia exercida pelo PMDB no espaço político carioca e fluminense. *La nave va*, e o *pemedebismo* segue...

A trajetória política de Marcello Alencar, recuperada por ele mesmo em longa entrevista concedida ao CPDOC/FGV, suscita um olhar crítico sobre dois aspectos especialmente relevantes da política no Rio de Janeiro. Em primeiro lugar, porque, como veremos, seu perfil político conciliou, em doses que variaram conforme a conjuntura, uma atuação de peso nas esferas nacional, regional e local. Por isso mesmo, permite uma análise mais sofisticada das relações entre essas três esferas, e, por consequência, relativiza a tradicional dicotomia entre o nacional e o local, que seria uma marca da política carioca e fluminense.

Afastando qualquer ideia preconcebida sobre uma possível aversão da população do Rio de Janeiro à participação política formal — tese, aliás, já relativizada por uma série de trabalhos acadêmicos —, Marcello construiu uma trajetória calcada em intensa atividade partidária, desde o trabalhismo do PTB de Vargas e Jango à breve passagem pelo MDB, passando pelo *socialismo moreno* do PDT de Brizola, até a social-democracia do PSDB de Fernando Henrique Cardoso. Como se costuma dizer, era um "homem de partido".

Compartilhando com boa parte de sua geração — nasceu em 1925 — o encanto pelo ideário nacionalista, explicitamente identificado com a figura de Getúlio Vargas, Marcello juntou outra matriz do chamado trabalhismo: a política de incorporação das massas populares, esta mais colada à atuação do ex-presidente João Goulart

(1961-64). Depois do golpe de 1964, afastado da procuradoria-geral do IAPC, mas liberado da cassação a que muitos petebistas foram submetidos, Marcello Alencar abriu um escritório de advocacia, e se tornou um conhecido defensor de presos políticos. Sua primeira experiência eleitoral ocorreu em 1966, quando o MDB obteve uma estrondosa vitória nas eleições parlamentares na antiga Guanabara: Marcello ocupou a suplência de Mário Martins no Senado até 1969, quando ambos foram cassados pelo AI-5, editado pela ditadura militar em dezembro do ano anterior.[3]

A "vivência trabalhista", sobretudo aquela voltada para a inserção das massas na política, parece explicar a opção de Marcello pelo "partido do Brizola", como decorrência do fim do bipartidarismo e do surgimento de novos partidos no âmbito do processo de redemocratização deflagrado a partir do início dos anos 1980. Presença atuante na estruturação e montagem do PDT, pessoa de confiança de Brizola, Marcello Alencar acreditava que seria escolhido para uma "missão política" no novo governo socialista moreno. Quem sabe a prefeitura da capital, que era então cargo de indicação do governador do estado. No entanto, interessado em conciliar os interesses dos dois principais braços do PDT — o trabalhista e o socialista —, Brizola indicou para prefeito da capital o médico Jamil Haddad, tradicional militante das hostes do antigo Partido Socialista Brasileiro. Para Marcello Alencar, coube uma tarefa bem pouco familiar à sua experiência como advogado e militante trabalhista: a presidência do Banco do Estado do Rio de Janeiro (Banerj). No entanto, o desgaste político-administrativo a que foi submetido o prefeito indicado somou-se à necessidade de um novo nome, com melhor trânsito no meio político. Em novembro de 1983, com o aval de Brizola, Marcello Alencar assumiu a prefeitura da cidade do Rio de Janeiro, onde permaneceria até 1º de janeiro de 1986,

[3] O MDB-GB elegeu Mário Martins para o Senado; fez 15 das 21 cadeiras da Câmara dos Deputados e ocupou 40 das 55 vagas da Assembleia Legislativa.

quando deu posse ao prefeito eleito no ano anterior, Saturnino Braga, também do PDT.

Foi com o apoio de Brizola, envolvido na preparação de sua própria campanha para as eleições presidenciais de 1989, que Marcello Alencar sucedeu Saturnino, e voltou à prefeitura do Rio de Janeiro (1989-93), dessa vez montado em quase um milhão de votos (31,5%), contra os 550 mil obtidos por Jorge Bittar do PT. Com um governo bem avaliado pelo eleitorado carioca, Marcello investiu na formação de um grupo político dentro do PDT capaz de viabilizá-lo como um eleitor privilegiado nas negociações com vistas à sua sucessão. Em janeiro de 1992, já estavam na mesa, entre outros, os nomes da radialista Cidinha Campos – preferida de Brizola – e do engenheiro Luiz Paulo da Rocha, candidato indicado por Marcello Alencar desde setembro do ano anterior. O lançamento prévio feito pelo prefeito, sem o explícito beneplácito do governador, contrariou uma das regras básicas de convivência política dentro do PDT: a de que as iniciativas deveriam sempre partir de Brizola. Como vimos anteriormente, o eleitor carioca deixou de lado os candidatos de Marcello e de Brizola, e escolheu Cesar Maia, um ex-pedetista, agora no PMDB, para prefeito do Rio.

O relato de sua experiência de compartilhar, por alguns anos (1983-85, 1990-92), a prefeitura do Rio com o governador Brizola, suscita algumas reflexões interessantes sobre o tipo de liderança/chefia que caracterizava o trabalhismo em geral e o do Rio de Janeiro em particular. A primeira marca seria a figura do líder trabalhista que encarnaria os ideais do trabalhismo, e cujo bastão deveria ser passado de geração em geração: de Vargas para Jango e deste para Brizola. Uma segunda reflexão, a esta associada, diz respeito ao que se afirmou logo no início do texto: a influência, na política carioca, das relações entre as esferas nacional/regional/local. Sabe-se que o projeto político de Brizola de chegar à presidência da República tinha como um de seus pilares fazer dos governos estadual e municipal vitrines de uma boa administração pública. No caso específico da cidade do Rio, onde Brizola obtivera uma votação estrondosa em 1982, a preocupação era ainda maior. Marcello Alencar enfatiza que a construção do Sambódromo e dos Cieps, apesar de muito custosa para os cofres municipais, obedecera aos interesses nacionais do governador. Do mesmo modo, alega que eram comuns as retaliações políticas e econômicas que a prefeitura sofria em decorrência das posições de Brizola no cerne das disputas com vistas ao Planalto.

Por outro lado, e apesar de toda a tradição de se relacionar com a política nacionalizadora do Rio — entendido, ainda, como o "tambor do Brasil" —, Marcello Alencar percebeu a importância de priorizar a política local, em especial os interesses da Zona Oeste, região carente onde se concentrava a maior parte do eleitorado da capital. Retomando a experiência trabalhista dos anos 1950 e 1960, quando o antigo PTB aí construiu bases sólidas, alertou que o PDT deveria plantar raízes nessa região da cidade. E, de fato, foi ele quem aí comandou a presença do partido, principalmente em seu segundo mandato à frente da prefeitura, quando foi eleito com boa margem de votos sobre o segundo colocado. Em jogo, quem sabe, a formação do marcellismo, e a possibilidade de alcançar o Palácio Guanabara.

Acusado de ser um dos principais responsáveis pela derrota da candidata de Brizola em 1992, já que teria feito corpo mole e apoiado César Maia e Benedita da Silva, em março do ano seguinte, Marcello Alencar deixou o PDT e ingressou no PSDB, partido que lutava para firmar a opção social-democrata no Rio de Janeiro. O subsequente lançamento de sua candidatura ao governo do estado foi em grande estilo — uma festa em Bangu, com a presença do tucanato-mor, inclusive de Fernando Henrique Cardoso —, e pode ser considerado o pontapé inicial do projeto da social-democracia trabalhista no Rio de Janeiro.

A eleição de 1994 para o governo fluminense teve como principal novidade a presença de um político nascido e criado no interior do Rio de Janeiro. Anthony Garotinho, lançado pelo PDT — olha as voltas que a política dá —, seria o opositor de Marcello na corrida ao Palácio Guanabara. Oriundo da cidade de Campos, situada no norte do estado, aí desenvolveu sua carreira política. Depois de uma breve passagem pelo PT, ingressou no PDT, por cuja sigla se elegeu deputado estadual (1987-89) e prefeito de Campos (1989-92). Secretário de Agricultura do governo Brizola (1993), foi o nome escolhido pelo governador para enfrentar seu antigo companheiro na campanha estadual de 1994.

Pela primeira vez, o embate eleitoral para o governo fluminense colocou frente a frente competidores com perfis político-regionais tão nítidos: de um lado, Garotinho, o político do interior; de outro, Marcello Alencar, o político da capital. A votação obtida por cada candidato correspondeu, em larga medida, às expectativas oriundas de suas diferentes raízes regionais. No primeiro turno, os percentuais para o estado como um todo foram 37,8% para Marcello e 29,7% para Garotinho; já para a capital, foram 45% e 19,2%, respectivamente. No segundo turno, a diferença de Marcello sobre Garotinho, na capital, chegou a quase 40 pontos percentuais, garantindo-lhe uma vitória razoavelmente folgada de mais de 12 pontos em relação ao candidato campista.

Na Alerj, Marcello contou inicialmente com uma bancada de 16 deputados eleitos pelo PSDB — logo engrossada para 22, alguns oriundos do PDT —, e, destes, sete eram da capital, especialmente o recordista da eleição, deputado Sérgio Cabral Filho, com quase 170 mil votos. No entanto, nesta eleição se registrou a mais expressiva redução da representação parlamentar da capital na Alerj, caindo do patamar de 30 para 23 deputados. Com um eleitorado que representava 44% do estado, a cidade do Rio ficou sub-representada, com menos de 33% dos representantes do Legislativo estadual. Esta constante perda de substância político-parlamentar da capital seria ainda mais sentida na medida em que os deputados foram adquirindo um perfil cada vez mais "distrital", ou seja, voltados, sobretudo, para o atendimento a demandas pontuais de suas respectivas regiões.

3. Um casamento difícil: o trabalhismo e a social-democracia

A partida do projeto foi bem-sucedida: em 1994, Marcello Alencar, do PSDB, derrotou Anthony Garotinho, do PDT, no segundo turno, com vantagem de um milhão de votos. Ao ser indagado sobre o modo de conciliar tradições políticas diferentes – o trabalhismo e a social-democracia –, Marcello explica que precisou se "*aggiornar*": "Eu dizia: 'Não podemos ser um partido de *salto alto*...' [...]. Eu tinha a convicção de que a social-democracia era uma feição nova do socialismo. Achava que eu, entrando no PSDB, iria me atualizar, me *aggiornar*, como aprendi com o papa João XXIII [...]."[4]

No entanto, esse *aggiornamento* esbarrava em algumas questões que podem ser expressas, por exemplo, no uso recorrente da expressão "salto alto" para se referir ao aspecto "elitista" da social-democracia no Brasil. Daí a forte atuação política de Marcello no intuito de transferir para o PSDB fluminense a base eleitoral que o PDT e o marcellismo possuíam na Zona Oeste da cidade do Rio e na Baixada Fluminense, e que havia sido construída sobretudo durante seu segundo mandato na prefeitura carioca. É evidente o investimento que ele fez em líderes locais, de "salto baixo": Lucinha (Santa Cruz/Zona Oeste); Zito, de Caxias, colocado como presidente da Comissão de Finanças da Alerj; Nelson Bornier, de Nova Iguaçu, feito secretário de Desenvolvimento da Baixada; Joca, de Belford Roxo; Simão Sessim, de Nilópolis; Cândido Matos, de São João de Meriti, entre outros. Um caso exemplar do tipo de aposta que Marcello fez em um perfil mais popular do PSDB fluminense foi o de Paulo Melo, elevado a líder do governo na Assembleia (1996-98). Dono de seis mandatos de deputado estadual (1990-2014), Melo foi mais um que se passou para o PMDB, partido pelo qual presidiu o Legislativo fluminense entre 2011 e 2015.

---

[4] Entrevista com Marcello Alencar.

No entanto, como o próprio Marcello reconhece, ele tinha pouco tempo de casa para operar com desenvoltura esse PSDB vitaminado com políticos "de massa". A tensão vivida por ele entre sua experiência trabalhista no PDT, de um lado, e o exercício da liderança/chefia do PSDB, de outro, acabaria por definir os limites e as possibilidades de implantação da social-democracia trabalhista no Rio de Janeiro. Apesar de não se considerar um bom organizador do partido, Marcello, com base na natural "aproximação" que o poder sempre produz, ampliou sua base política para além da capital e da Baixada, por meio da adesão de muitos prefeitos do interior, bem como formou uma boa base parlamentar: em 1995, seu primeiro ano de mandato, o PSDB pulou de 16 para 22 deputados.

Pode ser creditado ao desconhecimento que possuía da estrutura do PSDB o fato de Marcello ter levado para o governo do estado a equipe de "técnicos" a ele ligados por laços pessoais e que com ele haviam trabalhado na prefeitura carioca entre 1989 e 1992. Um deles foi o engenheiro Luiz Paulo Corrêa da Rocha, que Marcello colocou como seu vice, e que se manteve, por muito tempo, como uma das principais estrelas do PSDB fluminense.[5] Quer atraindo novos políticos para o PSDB, alguns deles oriundos de outros partidos, quer trazendo para postos-chave do governo antigos quadros da prefeitura carioca, Marcello relegou a segundo plano os fundadores do PSDB fluminense, como Ronaldo Cezar Coelho. Afinal, o bastão do tucanato estava agora em suas mãos, e uma das coisas que havia aprendido no trabalhismo era que o portador do bastão podia tudo. Isso ficou claro em 1996, por ocasião da indicação da candidatura do PSDB à prefeitura do Rio:

---

[5] No PDT desde a sua fundação, Luiz Paulo foi secretário de Obras na prefeitura de Marcello Alencar (1989-93). Eleito vice-governador na chapa comandada por Marcello Alencar, em 2001, exerceu o cargo de secretário dos Transportes na gestão do prefeito César Maia (2001-05). É deputado estadual desde 2003: inicialmente, pelo PSDB-RJ, onde permaneceu até 2020. Atualmente, está no Cidadania. A entrevista de Luiz Paulo está disponível para consulta no Programa de História Oral da FGV CPDOC.

> Ronaldo queria a qualquer custo ser candidato, achava que o candidato era ele [...]. Eu achava que o crescimento do Sérgio Cabral era muito mais expressivo, teria muito mais repercussão eleitoral [...]. Ronaldo brigou, inclusive, na convenção do partido em Bonsucesso [...]. No fundo, quando você tem o comando, você o vê se refletir em horas assim: as pessoas ficam parciais, ficam do seu lado. E o meu candidato era o Sérgio [Cabral].[6]

Da mesma forma que em 1992 a derrota de Cidinha Campos havia sinalizado o início do declínio do brizolismo em seu principal reduto eleitoral, quatro anos depois, em 1996, a derrota de Sérgio Cabral, candidato do governador, para Luiz Paulo Conde, candidato do prefeito César Maia, indicou igualmente a perda do controle da capital fluminense para um forte competidor no campo político. César Maia não só conseguira se tornar o político mais identificado com a classe média carioca, tirando do PSDB um eleitorado potencial, como havia penetrado em regiões populares da cidade, principalmente por meio do projeto Favela-Bairro, tomando de Marcello o contingente eleitoral que tradicionalmente votava no trabalhismo. Ao mesmo tempo, crescia no antigo estado do Rio a força do "novo" PDT, agora identificado na figura de Garotinho, que logo demonstrou enorme capacidade de angariar prestígio e votos junto às massas populares fluminenses.

Quais as condições políticas que levaram ao fracasso desse projeto, já que depois de Marcello mais nenhum político do PSDB conseguiu se alçar ao Executivo carioca e fluminense?[7] Embora não admita explicitamente, Marcello atribuiu o fracasso da social-democracia trabalhista no Rio de Janeiro, ou seja, da junção de

---

[6] Entrevista com Marcello Alencar.

[7] Para o governo do estado foram eleitos: Anthony Garotinho (PDT/PMDB); Rosinha Garotinho (PMDB); Sérgio Cabral (PMDB); Luiz Fernando Pezão (PMDB) e Wilson Witzel (PSC). Para a prefeitura da capital foram eleitos: César Maia (PFL); Eduardo Paes (PMDB); Marcelo Crivella (Republicanos); Eduardo Paes (DEM).

duas tradições políticas diversas em um mesmo universo político-partidário, à aposta "errada" que fizera em Sérgio Cabral, então deputado estadual, e que viria a ser governador fluminense a partir de 2007, agora pelo PMDB. Diferente de líderes tradicionais, como Ronaldo Cezar Coelho, ou ainda de muitos dos recém-chegados ao ninho tucano, Cabral parecia unir um fácil acesso ao eleitorado popular – dos 11 mil votos em 1990, pulou para quase 170 mil em 1994 – a um trânsito igualmente fácil junto à classe média e à intelectualidade carioca. Essa foi a principal justificativa de Marcello para o investimento que fez em Cabral, à custa, até mesmo, de passar por cima de figuras importantes do partido, como havia ocorrido nas eleições municipais de 1996.

Escaldado do clima conturbado da relação de Brizola com o presidente da Alerj, Marcello colocou o jovem deputado Sérgio Cabral à frente do Legislativo, na expectativa de pavimentar um caminho sem muitos sobressaltos no relacionamento entre os dois poderes. E assim aconteceu, tal como sintetizado na frase emblemática do governador ao se referir às negociações com os deputados: "Conversa primeiro com o Sérgio."[8]

Não por acaso, foi Cabral o primeiro nome em que Marcello pensou para sua sucessão, quando, por motivo de saúde e devido aos baixos índices de aprovação popular, decidiu não disputar a reeleição. A recusa de Cabral em concorrer ao governo estadual em 1998, enfrentando César Maia e Garotinho, selou, em boa medida, a aspiração da seção fluminense do PSDB de alcançar o mesmo sucesso atingido em outros estados, especialmente São Paulo e Minas Gerais. Luiz Paulo da Rocha, um quadro técnico ligado a Marcello, foi o candidato do PSDB e ficou em terceiro lugar na disputa que elevou Garotinho ao patamar de liderança estadual, restringiu o espaço político de César Maia à cidade do Rio e congelou o PSDB como força de segunda linha no quadro político fluminense.

---

[8] Entrevista com Marcello Alencar.

Foi grande a hemorragia de quadros do PSDB para outros partidos, especialmente para o PMDB. Na amargura com que Marcello narra a perda de Sérgio Cabral para o PMDB é possível sentir o fracasso do difícil casamento do trabalhismo, de fortes raízes especialmente na capital fluminense, com a social-democracia importada da Europa por meio de setores da intelectualidade paulista. Essa planta transgênica, como outras tantas, acabou não florescendo no solo do estado do Rio de Janeiro.

> [Sérgio] saiu do PSDB e esvaziou muito o partido. Àquela altura, ele tinha sido um deputado de 380 mil votos [...]. Foi a pessoa em quem eu mais confiei. Tive a capacidade de entender que ele era o homem para o papel de comover as massas, que ele tinha uma presença política boa na rua, era capaz de improvisar [...]. Joguei muito nele. Não fui feliz [...]. [A saída do Sérgio] provocou o enfraquecimento [do PSDB]. Porque ele ainda tinha a situação de presidente da Assembleia. Tinha condições de manter o controle da bancada. Tanto prefeito saiu do partido... Foi uma onda.[9]

Seria um equívoco atribuir apenas a Sérgio Cabral a falência da social-democracia trabalhista no Rio de Janeiro. Em primeiro lugar, deve-se ressaltar o poder de atração da forte estrutura política do PMDB no Rio de Janeiro, cuja origem remonta à montagem da máquina chaguista na década de 1970, que resistiu a governos de outros partidos, e até mesmo cresceu, ao longo das décadas seguintes. Marcello lamenta a saída de Sérgio Cabral e seu ingresso no PMDB: "Tanto prefeito saiu do partido... Foi uma onda."

Há que se levar em conta também a implantação da política econômica tucana, baseada no trinômio privatização/ajuste fiscal/enxugamento da máquina administrativa. Para um político de origem e de fé trabalhista, cuja matriz formadora se havia pautado pela

---

[9] Entrevista com Marcello Alencar.

tríade estatização/nacionalismo/expansão de gastos públicos, foi um constrangido acerto de contas com o passado ter que defender a privatização do Banerj, das empresas públicas de transporte e de energia, entre outras. Como ele próprio reconheceu, "a privatização me criou muitos problemas interiores. Eu, um nacionalista mais do que convicto, vou ser governador e vou privatizar as empresas do Estado?".[10] Antiga capital federal, a cidade do Rio abrigava ainda muitas empresas estatais, além de muitos funcionários públicos, especialmente inativos, eleitorado que sofreu o impacto das medidas adotadas pelos governos do PSDB, federal e estadual. O constrangimento de ser "obrigado" no governo a adotar medidas de política econômica que iam na direção contrária daquelas pregadas pelo trabalhismo de Vargas/Jango/Brizola fragilizou o projeto do PSDB fluminense, que se mostrou, sobretudo, incapaz de produzir/reproduzir quadros políticos capazes de combinar a velha/renovada tradição trabalhista com a matriz social-democrata dos anos 1990. *E agora, Rio? Qual seria o próximo autor?*

---

[10] Entrevista com Marcello Alencar.

Capítulo 6

A república evangélica do chuvisco

1. A fusão em xeque: Guanabara Já

> Após o chaguismo e o brizolismo, por que não o garotismo? [Rosinha Garotinho, 2003]

Pois é... *por que não o garotismo?*, se indaga a então governadora do estado do Rio de Janeiro a respeito de seu marido, Anthony Garotinho, que lhe havia passado a cadeira no início do ano. Adianto que, para ser respondida, a questão precisa, antes de tudo, levar em conta os elementos que construíram o chaguismo e o brizolismo, dois conceitos básicos sem os quais fica muito difícil explicar/entender a cultura política fluminense.

Como vimos em capítulos anteriores, pontos em comum e diferenças marcantes moldaram as trajetórias de Leonel Brizola e Chagas Freitas, a começar pelo exercício de dois mandatos à frente do Executivo estadual. Com perfis de atuação opostos – à liderança carismática daquele se contrapunha a chefia rotineira deste –, puderam ambos construir, a partir das décadas de 1970/80, correntes de pensamento que moldaram determinadas formas de fazer política características do Rio de Janeiro.

Deve ser destacado, mesmo porque é crucial para se compreender as dificuldades de construção/sustentação do dito *garotismo*, o fato de que tanto Brizola quanto Chagas tinham base eleitoral na capital do estado, na cidade do Rio de Janeiro. Em períodos e contextos diferentes, foram recordistas de votos para a bancada federal da antiga Guanabara, governada por Chagas na primeira metade dos anos 1970. A vitória de Brizola na eleição de 1982 para o governo do novo estado do Rio de Janeiro, criado pela fusão, deveu-se, sobretudo, à esmagadora soma de votos que obteve no município do Rio de Janeiro.

Acrescente-se, ainda, que, malgrado possuírem estilos diferentes de relacionamento com eleitores e seguidores, Chagas e Brizola valorizavam as estruturas partidárias, e investiram alto na criação e construção de partidos e, sobretudo, no controle de suas engrenagens. Com as cassações de mandatos decorrentes dos atos institucionais decretados pela ditadura civil-militar, especialmente após o AI-5 de 1968, pôde Chagas "empalmar" o MDB da Guanabara e transformá-lo em uma máquina partidária fiel a ele, ao "chefe". Já Brizola entendeu que a criação de um partido para chamar de seu seria a alavanca indispensável para catapultá-lo no novo cenário político da transição democrática. Até morrer, em 2004, ele foi o chefe incontestável do PDT. Para terminar o rol de requisitos exigidos ao garotismo, os dois ex-governadores tinham "tempo de estrada" — fator muito valorizado na construção de conceitos políticos — e, por isso mesmo, podiam se sentar na janela, parodiando Romário, o ex-jogador de futebol, que hoje ocupa uma cadeira no Senado pelo Rio de Janeiro.

Quem era Anthony Garotinho? Nascido em 1960, em Campos dos Goytacazes, engrossou a corrente de jovens que participou da fundação do PT em sua cidade. Por essa sigla, em 1982, candidatou-se a vereador e, apesar de ser o candidato mais votado do município, não foi eleito porque o partido não alcançou o coeficiente eleitoral necessário. Na onda brizolista, em 1984 filiou-se ao PDT e em novembro de 1986 foi eleito deputado estadual por essa legenda. Nessa época, iniciou também suas atividades como radialista: foi locutor esportivo, passando a usar o apelido de Garotinho, com o qual se tornou conhecido e que incorporou ao nome em 1981.

Na eleição municipal de 1988 disputou e conquistou o cargo de prefeito, em uma ampla coligação de partidos liderada pelo PDT, que incluía o PSB, o PCB, o PCdoB e o PV. Ao deixar a prefeitura de Campos, em 1993, foi convidado pelo governador Brizola, que voltara ao comando do estado nas eleições de 1990, para assumir a Secretaria de Agricultura, Abastecimento e Pesca. Oriundo do interior do estado, onde o PDT vira crescer seu eleitorado, e com um perfil de prefeito bem avaliado, próximo às demandas populares, Garotinho foi o escolhido por Brizola para concorrer à sua sucessão, em 1994. Derrotado por Marcello Alencar, voltou para Campos e, em 1996, reconquistou o cargo de prefeito, nele permanecendo apenas por dois anos, já de olho no Palácio Guanabara. Dessa vez, a candidatura do jovem político campista se inseriu em uma ampla aliança de escopo nacional que visava a barrar a reeleição de Fernando Henrique Cardoso nas eleições de 1998. Durante as prévias eleitorais, o PDT e a direção nacional do PT fizeram um acordo pelo qual Lula, candidato à presidência da República na legenda petista, receberia o apoio nacional do PDT e teria Leonel Brizola em sua chapa como candidato a vice-presidente, enquanto o PT apoiaria os candidatos do PDT aos governos estaduais, entre eles Garotinho. O acordo foi concretizado depois da intervenção da direção nacional do PT em sua seção fluminense, que havia lançado Vladimir Palmeira, nome de longa tradição no partido, como candidato a governador. Garotinho concorreu ao governo do estado do Rio de Janeiro tendo em sua chapa Benedita da Silva, do PT, como candidata a vice. Além do PDT e do PT, contou ainda com o apoio do PSB, do PCdoB e do PCB. Em 3 de outubro de 1998, o ex-prefeito de Campos obteve a primeira colocação, passando à disputa do segundo turno com o ex-prefeito carioca, César Maia (PFL). Elegeu-se com 4.259.344 votos.

Pela primeira vez, o eleitorado fluminense elegia um governador que não era oriundo da capital, e nem aí possuía sua base eleitoral. Certamente, esse será um fator a ser levado em conta nas expectativas em relação a um governo cujas raízes estavam na dita "Velha Província" do Império, no antigo estado do Rio, como era chamado antes da fusão com a Guanabara. Afinal, é bom lembrar que, na capital, o campista Garotinho havia sido derrotado pelo carioca Cesar Maia por cinco pontos (35% × 40%).

Apesar de passados quase 25 anos da fusão (1975-98), as diferenças entre a capital e a "província" continuavam vivas na memória e nas diferentes tradições políticas que marcavam os dois espaços. Essas distinções, em boa parte eivadas de ressentimento advindo da percepção de que a "Guanabara havia perdido ao se unir ao seu vizinho", aparecem com nitidez na análise da jornalista Dora Kramer, na qual comparava o ex-presidente Collor ao governador Garotinho apontando em comum uma visão "provinciana", longe do "palco mais amplo e iluminado" da realidade nacional:

> Tal e qual ocorreu com Fernando Collor que, talvez não por acaso, tenha tido em comum com Garotinho o fato de acreditar que o sucesso da província obedece aos mesmos critérios quando o palco é mais amplo e iluminado. Collor imaginou que no Brasil as relações funcionassem como funcionavam em Alagoas, e Garotinho talvez imagine que o que vale para Campos, vale para o Rio e para o Brasil. [Kramer, 2000]

Não é nova a discussão sobre as relações entre a cidade do Rio de Janeiro – a capital imperial, o Distrito Federal republicano, o estado da Guanabara – e a "Velha Província", o estado do Rio.[1] Esse debate ganhou, no entanto, nova dimensão a partir da fusão, cujo principal desafio seria o de juntar, em uma mesma unidade federativa, dois estados muito diferentes. No fundo, para usar os termos de Dora Kramer, a questão era como unir "capital" e "província".

---

[1] Ver, entre outros, Ferreira (1994).

Se o debate sobre a incorporação da cidade do Rio ao estado se estendeu por várias décadas, o andamento do processo da fusão foi rápido, sobretudo porque os mecanismos autoritários à disposição do regime militar facilitaram a composição necessária à aprovação de matéria tão polêmica. Essa forma autoritária como foi conduzido o processo da fusão, sem consulta às populações dos dois estados, acabou se tornando um dos pontos centrais do debate sobre o lugar do Rio no espaço fluminense. Era forte a ideia de que a cidade não teria conseguido estabelecer uma identidade com o estado de que é a capital, porque teria sido a maior prejudicada com a fusão a ela imposta pelo regime militar.

Esse sentimento de perda esteve presente em 1995, na comemoração, pelo avesso, dos 20 anos da fusão, quando se colocou com todas as letras a possibilidade da desfusão. Sugestivamente intitulado "Movimento pela desfusão ganha mais força", o editorial do *Jornal do Brasil* de 5 de março de 1995 deu o tom do fracasso da fusão a partir, sobretudo, da perspectiva da cidade do Rio. A integração pretendida teria falhado, já que interior e capital seguiam pensando e votando diferente: nas eleições do ano anterior, a capital votara maciçamente em Marcello Alencar em desfavor de Garotinho. Longe de haver transformado o estado do Rio de Janeiro em um forte polo econômico, capaz de rivalizar com São Paulo, a fusão teria transformado "uma cidade-estado [Guanabara] politicamente densa, em parte de um estado politicamente fraco".

A percepção de perda de densidade política do município do Rio e de ausência de identidade comum com o estado foi então acirrada pelo anúncio de uma política fiscal que desviaria recursos da capital para atender a necessidades de outras regiões do estado. Em defesa do "provinciano" Garotinho, pode-se alegar que este movimento partiu do governador, o "carioca" Marcello Alencar, em um claro movimento para ampliar sua base parlamentar no interior. A votação de uma nova lei regulamentando a distribuição do ICMS pelos municípios, que teria prejudicado a arrecadação do município do Rio de Janeiro em cerca de 70 milhões de reais, gerou até um inusitado pedido do prefeito Luiz Paulo Conde para que a cidade se tornasse um "ente federativo especial".[2]

Não por acaso, uma das dimensões do confronto eleitoral pelo governo estadual, em 1998, seria, novamente, de forma ainda mais acentuada, a disputa entre Garotinho, o representante da "república do chuvisco" – uma referência ao doce que é marca registrada da cidade de Campos –, e César Maia, o ex-prefeito carioca (1993-96), autodeclarado "governador da Guanabara". Venceria aquele que, de maneira mais competente, ocupasse o "território" adversário. Graças principalmente à aliança com o PT, que ficou com o cargo de vice-governador(ra), entregue à senadora Benedita da Silva, pôde Garotinho garantir uma derrota mais suave na capital, impedindo, assim, que o peso do eleitorado carioca – 43% do total – pesasse a favor de César Maia. A diferença de 200 mil votos que este conseguiu sobre Garotinho não foi suficiente para cobrir a votação estrondosa por ele obtida na Baixada e no interior do estado. Se o primeiro *round*, em 1994, fora vencido pela capital com Marcello Alencar, quatro anos depois, seria a vez do interior, com Garotinho, mostrar o seu valor.

Ao mesmo tempo, a volta de César Maia ao governo municipal nas eleições de outubro de 2000, depois de uma apertadíssima vitória sobre seu antigo afilhado político, Luiz Paulo Conde, que concorria à reeleição, parecia sinalizar a intenção de disputar o pleito estadual dentro de dois anos. Estariam, assim, dadas as condições para se repetir, em 2002, o duelo de 1998: César Maia, montado na fidelidade do eleitorado carioca; e Garotinho, em busca da reeleição.

Sabemos que não foi isso o que ocorreu, já que ambos fizeram outras opções políticas. Ciente das dificuldades que seu nome enfrentava fora dos limites da capital – apesar do alto investimento

[2] Ver, entre outros, Mágoa... (1996); O outro... (1996); Um novo... (1997); Projeto... (1997); Rio... (1997).

político que vinha fazendo na Região Metropolitana do Rio e na Baixada Fluminense –, Maia indicou, como candidata ao governo do estado, Solange Amaral, secretária de Habitação e uma das principais responsáveis pelo bem avaliado programa Favela-Bairro. Por seu lado, Garotinho ensaiava voos mais altos com vistas a ser candidato à presidência da República, pelo PSB, partido que adotara depois de ter sido afastado do PDT por Leonel Brizola, em novembro de 2000. Para seu lugar na campanha estadual, lançou a secretária de Bem-Estar Social, Rosângela Matheus, sua mulher, a qual, sob a sigla do PSB, se registrou na campanha com o nome de Rosinha Garotinho.

Mesmo vencendo a disputa para a sucessão de seu marido, a candidata de Campos obteve na capital do estado seu terceiro pior resultado percentual – 38,7% –, abaixo apenas de Resende (37,9%) e de Niterói (34,7%) (Baixada..., 2002). A reação de parte da mídia, em especial do grupo Globo, à continuidade da "república do chuvisco" por mais quatro anos resultou no lançamento do movimento Guanabara Já (*O Globo*, 10 out. 2002; Angel, 2002). Apesar do evidente interesse conjuntural da proposta, que tinha a ver com disputas que então se operavam no campo político fluminense, é interessante ressaltar que a argumentação levantada em favor da desfusão e da volta da Guanabara se sustentou, sobretudo, em uma memória que colocava a "antiga capital do Império e da República" como "vítima passiva" de atos arbitrários cometidos no passado. De todo modo, dados concretos indicavam uma perda efetiva da representação da capital na bancada da Alerj. Se, em 1982, os deputados do Rio ocupavam 48,5% das cadeiras estaduais, 20 anos depois, em 2002, esse índice de representatividade caiu para 37%. Ou seja, a força da bancada carioca perdera espaço político diante da expansão dos deputados do "interior" (Motta, 2007).

Intitulada "Fusão, confusão e desfusão" (Garcia, 2004), a coluna do jornalista Luiz Garcia teve como ilustração uma charge que mostra uma moça bem-arrumada e elegante acorrentada a um caipira mal trajado, cada um apontando em direção oposta. Nem houve necessidade de legenda para identificar quem era quem nessa relação desigual: a elegância morava na capital, a cosmopolita cidade do Rio, e a jequice se concentrava no interior. A aproximação das eleições municipais de 2004, associada à avaliação negativa da atuação da governadora Rosinha, em especial seu pretenso descaso para com a cidade do Rio (Verba..., 2004), detonou, a partir de abril de 2004, um movimento em defesa da capital fluminense como "símbolo da civilização brasileira". O desabafo do antropólogo Roberto da Matta, niteroiense, é insuspeito: "O que tem acontecido nessa cidade-símbolo passa uma mensagem perniciosa para o resto do Brasil" (citado em Cruvinel, 2004). Mais uma vez, eram reiteradas as imagens do Rio como "caixa de ressonância nacional", cuja "salvação", presente e futura, previa uma necessária volta ao passado. Nos meses seguintes, o jornal *O Globo* abriu suas páginas para a divulgação e repercussão do movimento Autonomia Carioca, que, como o nome deixava claro, propunha a volta da Guanabara ao seio da federação brasileira. Tanto pelas colunas assinadas, em especial as do jornalista Merval Pereira,[3] quanto pelas cartas publicadas na seção Cartas dos Leitores, desfilaram opiniões e argumentações de variado teor, mas que tinham como solo comum uma memória povoada de representações construídas ao longo do tempo sobre o passado do Rio e suas relações com o antigo estado do Rio. Por variadas razões, Garotinho, apesar de ter obtido mais de 15 milhões de votos na disputa presidencial de 2002 que elegeu Lula, ficando em terceiro lugar atrás de José Serra, do PSDB, não conseguiu se libertar de um perfil marcadamente local e, por isso mesmo, se firmar como uma corrente política capaz de ombrear com o lacerdismo, o amaralismo, o chaguismo ou o brizolismo.

---

[3] Ver, entre outras, as seguintes colunas do jornalista Merval Pereira (2004a, 2004b, 2004c, 2004d).

2. O troca-troca de partidos

Outra razão que dificultou a construção do garotismo foi a incapacidade do político campista de formar um partido para chamar de seu, com o qual ele e seus eleitores pudessem se identificar. Para exemplificar, podemos citar Lacerda e a UDN; Amaral Peixoto e o PSD; Chagas Freitas e o MDB; e Brizola e o PDT. Para além de qualidades de líderes e chefes, estes políticos contaram com uma estrutura partidária que não só lhes deu sustentação, como desempenhou um papel fundamental para consolidar uma determinada corrente político-ideológica.

O ingresso de Garotinho na política se deu no âmbito da transição democrática que marcou a volta do pluralismo partidário depois da experiência bipartidária imposta pela ditadura a partir de 1965. A boa votação que lhe foi conferida na eleição para vereador em 1982, sob a sigla do PT, não foi suficiente para elegê-lo, nem para mantê-lo no partido. Atraído pelo sucesso do PDT, em 1984 migrou para a legenda de Brizola a partir de mútuo interesse: do governador, de possuir uma liderança jovem em uma região do estado onde, graças a um eleitorado muito conservador, sempre tivera dificuldade de expandir suas ideias e conquistar votos. Garotinho, por seu lado, via no PDT e na onda brizolista a oportunidade de ser essa liderança.

Esse projeto de construir um polo trabalhista em uma região de voto marcadamente tradicional fracassou. A convivência do governador pedetista com Brizola, presidente nacional do partido, esbarrou, mais uma vez, na frustração de aliados, como Marcello Alencar anteriormente, que se viam impedidos de alçar voos mais altos fora do alcance do guarda-chuva do "velho caudilho". Ainda mais no caso de Garotinho, que pretendia desafiá-lo em seu próprio objeto de desejo, a presidência da República. Os desentendimentos se agravaram em 2000, por ocasião das eleições municipais. Quase 20 anos depois da vitoriosa campanha de 1982, Brizola resolveu, de novo, testar a força de seu carisma na capital e se lançou como candidato a prefeito. Essa candidatura batia de frente com os planos do governador de testar sua popularidade no Rio, cidade onde havia sido derrotado dois anos antes por Cesar Maia. O filme se repetiu e, no final, Garotinho "morreu", ou seja, foi expulso do PDT. Em sua saída do partido, foi seguido por milhares de filiados e por diversos deputados federais, estaduais, prefeitos e vereadores.

No entanto, esse troca-troca teve um custo político alto para o governador: para compensar a saída do PDT da base de sustentação de seu governo, precisou negociar o apoio do PMDB na Alerj, então sob o comando da dupla Sérgio Cabral (presidente) e Jorge Picciani (primeiro-secretário). Mais uma vez, o *Palerj* tinha espaço para crescer e firmar seus interesses diante de um governador que abriu mão da reeleição estadual em favor de uma aposta de alto risco. Ao concorrer à presidência da República, Garotinho, no PSB desde janeiro de 2001, se lançou como um *tertius* entre as duas forças que então polarizavam a política nacional: o PT, com Lula, e o PSDB, com José Serra. A alta popularidade do governador – segundo o Ibope, tinha a aprovação de 88% da população fluminense – certamente foi o elemento crucial para a tomada de decisão de trocar uma reeleição garantida por uma possibilidade quase remota de conquistar a presidência. Por força da legislação eleitoral, Garotinho teve que deixar, em abril de 2001, o governo nas mãos da vice-governadora Benedita da Silva, do PT.

Apesar de garantir a eleição de sua mulher para a sucessão estadual, a qual, no cargo de secretária de Ação Social e Cidadania, comandava a política social do governo – aliás, muito bem avaliada pela população –, Garotinho deixou escapar a oportunidade de ser a face de um processo de renovação da elite política fluminense, capaz de representar, enfim, a consolidação da fusão. Como vimos anteriormente, aconteceu justo o contrário. Em vez de Garotinho e Rosinha, os governadores oriundos de Campos, serem reconhecidos como capazes de resolver os problemas do estado, a desfusão e a volta da Guanabara Já foram proclamadas por parte da sociedade como saídas possíveis para uma situação de crescente empobrecimento econômico, social e político do Rio de Janeiro.

A segunda temporada da série "A família Garotinho no governo fluminense", iniciada em janeiro de 2003, teria episódios bem diferentes da primeira. Sem grandes surpresas, é verdade... Por exemplo, mais uma vez, o clã mudaria de partido. O roteiro se parecia com o anterior, onde o alvo fora Brizola. Agora, a disputa seria travada com Miguel Arraes, principal liderança nacional do partido socialista. De novo, Garotinho perdeu a batalha pela conquista de um partido "seu", e acabou se abrigando nas fileiras do PMDB, onde, por um lado, teria condições de construir uma base legislativa razoavelmente sólida – feitas as devidas composições, é claro – mas, por outro, não teria como se tornar seu "dono". Mesmo porque o PMDB já tinha "donos", e estes eram bem ciosos do poder que usufruíam. Depois de quatro mandatos à frente da Alerj (1995-2002), Sérgio Cabral foi eleito para uma cadeira no Senado, passando a poderosa cadeira de presidente para Jorge Picciani, o qual, desde 1997, ocupava o influente cargo de primeiro-secretário da Casa.

O segundo governo do(s) Garotinho(s) não foi um mar de rosas. Ao contrário, o casal teve que enfrentar mares turbulentos ao adentrarem espaços políticos mais complexos do que aquele das políticas sociais a que estavam habituados: os restaurantes populares, onde o almoço saía por um Real (R$ 1,00); o cheque-cidadão de 100 reais oferecido aos pobres, frequentemente cadastrados por igrejas evangélicas.

3. Conquistando corações... — os evangélicos

> Mas ele só está pregando; ele é um pregador. [*Folha de S.Paulo*, 7 nov. 1999]

A referência ao então governador Garotinho de que ele estaria "só pregando" indica, a meu ver, uma tentativa de desvincular a religião da política. As viagens que fez pelo país quase ao final de seu primeiro ano de mandato teriam como objetivo maior a "difusão do evangelho", e não, como alegavam muitos, o desejo de pavimentar um caminho capaz de levá-lo ao Planalto. Não foi o primeiro, nem seria o último governador do Rio a ter essa ambição. Quem sabe seria o primeiro vitorioso? No entanto, diferentemente de Carlos Lacerda e de Leonel Brizola, que tiveram na ideologia, no partido e no carisma as bases de suas plataformas políticas, Garotinho pretendia usar a pregação religiosa como tática para se tornar nacionalmente conhecido de uma parcela dos eleitores que ele considerava decisiva para sua potencial candidatura à Presidência da República: os evangélicos. Com essa mesma tática, havia conseguido para sua candidatura ao governo fluminense, em 1998, cerca 80% do eleitorado evangélico do estado, o que certamente havia sido crucial para sua vitória.

A presença de lideranças religiosas na política carioca e fluminense não é novidade. Não foram poucos os parlamentares e prefeitos eleitos pela inserção que possuíam no meio de religiões de diferentes credos. Na década de 1930, os católicos tiveram uma forte representação na política por meio da Liga Eleitoral Católica (LEC), e, mesmo após 1945, a bancada católica se fez presente nos vários partidos então constituídos — UDN, PSD, PTB, entre outros —, bem como criou o Partido Democrata Cristão (PDC). A umbanda também tinha seus representantes nos parlamentos estadual e municipal.

No entanto, como é bem destacado por Jairo Nicolau (2020:69-70), uma das mudanças mais profundas pelas quais a sociedade brasileira vem passando, sobretudo a partir dos anos 1990, é o crescimento do número de evangélicos, e, sobretudo, o impacto que esse aumento vem tendo sobre a política brasileira. Nicolau destaca um fator que me parece bastante relevante para dar um caráter específico a essa participação política. Diferente da Igreja católica, os evangélicos se fazem representar por centenas de denominações, algumas, como a Assembleia de Deus ou a Igreja Universal do Reino de Deus, com milhões de seguidores; outras, bem menores, ligadas ao fundador ou liderança de caráter local. No caso específico da chapa que concorreu ao governo fluminense em 1998 – a dupla evangélica Garotinho (PDT) e Benedita da Silva (PT) –, foi possível angariar apoio e formar uma ampla rede sustentada em lideranças de setores evangélicos pentecostais. Como sói acontecer, a narrativa da conversão de Garotinho contém, como elemento fundamental de convencimento, o "milagre" de sua sobrevivência a um gravíssimo acidente de automóvel durante a campanha eleitoral ao governo estadual (1994), quando ele perdeu a disputa para Marcello Alencar.

A experiência anterior de radialista, quando teria se apropriado do apelido "Garotinho",[4] impulsionou sua carreira política e a ela conferiu um determinado perfil assistencialista. Por isso mesmo, a adesão ao universo evangélico lhe abriu as portas de meios de comunicação, especialmente o rádio, que eram vias de acesso a um eleitorado em expansão. Como muitos outros políticos ligados a denominações evangélicas, Garotinho viria a ocupar um espaço privilegiado na Rádio Melodia FM, pertencente ao pastor e deputado federal Francisco Silva (desde 1991), e considerada a mais ouvida pelos evangélicos do estado do Rio de Janeiro. Silva acabou sendo premiado com a Secretaria de Habitação do governo Garotinho, cargo que ocupou de fevereiro a novembro de 1999. Essa

---

[4] Teria roubado a alcunha do locutor esportivo José Carlos Araújo.

ligação estreita com os evangélicos não apenas lhe rendeu muitos votos na eleição de 1998 para o governo estadual, como contribuiu para torná-lo o primeiro candidato competitivo à presidência da República que fez um apelo direto ao voto religioso. Ou seja, nas viagens pelo Brasil, ele não estava "apenas pregando", e sim fazendo campanha política, contando com a atração que poderia exercer sobre esse eleitorado evangélico.

Por outro lado, Garotinho teria que lidar com demandas inerentes à estreita ligação que estabeleceu entre a atividade política e a filiação religiosa. Uma dessas demandas seria uma ativa política assistencialista, concretizada em políticas de concessão de benefícios diretos, como a rede de restaurantes que oferecia alimentação por um Real (R$1,00), ou, ainda, a distribuição do cheque-cidadão (R$ 100,00) para famílias pobres cadastradas. Não por acaso, o cadastramento e o recebimento do benefício ocorriam, frequentemente, nas igrejas evangélicas dos subúrbios e da periferia. De grande visibilidade junto ao eleitorado mais pobre, essa política social foi alojada na Secretaria de Ação Social e Cidadania, entregue a Rosinha Garotinho, que viria a ser, quatro anos depois, eleita para o governo estadual, uma vez que seu marido preferiu se candidatar à presidência da República no afã de tornar seu nome conhecido nacionalmente.

Uma questão delicada para governantes assumidamente evangélicos seria a forma pela qual eles lidariam com as diferentes denominações religiosas que, por vezes ocultas pelo termo "evangélicos", possuem caráter e demandas diferentes. Atender adequadamente a estas demandas tornou-se um problema espinhoso, ainda mais para um governador que precisava fazer do seu governo uma vitrine para sonhar com voos políticos mais altos. A Igreja Universal do Reino de Deus, por exemplo, teria ficado ressentida por não ter conseguido uma participação mais direta no governo fluminense, o que demandou um elaborado trabalho de reaproximação, que acabou resultando na declaração de apoio explícito a Garotinho, dada pelo coordenador político da Universal, o deputado federal e bispo Carlos Rodrigues (PL-RJ), por meio da publicação de uma nota no jornal *Folha Universal*.

Vale a pena esclarecer que essa crescente presença evangélica na política eleitoral e partidária a partir dos anos 1990 não estava ligada, ainda, a uma "extrema-direita religiosa", tal como observado na campanha de Jair Bolsonaro, em 2018. No caso da eleição estadual de 1998, Garotinho e Benedita da Silva representavam a esquerda pedetista e petista, francamente engajada na disputa presidencial de Lula contra FHC. Embora a chamada teologia da prosperidade – "ética econômica em que possuir e ascender são sinais de que Deus age em sua vida" – tivesse sido introduzida pelo neopentecostalismo, os governos do casal Garotinho apoiaram-se, sobretudo, na *ética da providência* propagada pelo pentecostalismo clássico das camadas populares, "segundo a qual Deus provê aqueles que permanecem fiéis nos momentos de graves necessidades materiais" (Almeida, 2019:41).

4. Ocupando territórios: bicheiros, traficantes e milicianos

> [...] policiais que moravam na região criaram a milícia do Rio das Pedras e estabeleceram as regras da economia informal dessas áreas. Ampliaram a fonte de receitas ilegais, a compra de armamentos e estabeleceram conexões políticas. Essa nova forma de dominação territorial transformou a geografia do crime no Rio, *disputando o controle de comunidades com facções do tráfico*. [Manso, 2000:84, grifo nosso]

A ênfase na segurança pública não visava a atender apenas ao eleitorado evangélico, embora esta fosse uma parcela da sociedade que, morando em áreas violentas, elegeu essa questão como uma das prioridades do governo Garotinho. De início, o governador resolveu abandonar a política de Marcello Alencar chamada de "gratificação faroeste", que premiava os policiais mais efetivos no combate aos bandidos. Vale dizer, aqueles que feriam e matavam mais. Eleito por partidos de esquerda, Garotinho adotou programas de combate à violência tradicionalmente defendidos por esta matriz ideológica, e convidou o antropólogo Luiz Eduardo Soares para coordenar a área de Segurança, Justiça e Cidadania. O trinômio já evidenciava o intuito de associar a segurança pública a duas outras áreas identificadas como protetoras dos direitos dos cidadãos e cidadãs.

Dois projetos apareceram como carros-chefe dessa nova política de segurança. Um deles foi a Delegacia Legal, cuja meta principal seria desburocratizar o atendimento ao cidadão, com a oferta de serviços de interesse imediato, como a concessão de registros de identidade. Já o Policiamento Comunitário em áreas carentes, inspirado em várias experiências internacionais, tinha como objetivo aproximar a polícia do cidadão. No lugar de invadir esporadicamente as favelas como um elemento exógeno, o aparato de segurança deveria ter aí uma presença permanente, fazer parte da comunidade, ser reconhecido por ela e dela participar ativamente. Não é difícil entender que tal política demandaria uma profunda mudança nas atitudes e nos comportamentos de ambos os atores envolvidos — os policiais e os moradores —, o que, sem dúvida, exigiria um forte investimento em treinamento e formação dos agentes de segurança. Em pauta, um projeto de longo prazo, que exigiria sucessivos reajustes estratégicos e táticos, e cujos resultados, por isso mesmo, não seriam imediatos.

Pouco mais de um ano depois da posse, em março de 2000, a espinha dorsal desse novo plano de segurança do estado foi quebrada com a demissão de Soares do cargo de formulador e coordenador das políticas nele contidas. O ponto de ruptura foi a defesa enfática do antropólogo de que seria preciso fazer uma "limpeza" na polícia, entendida como uma operação de eliminação da chamada "banda podre", envolvida em homicídios, extorsão, proteção ao crime organizado, especialmente aquele ligado ao jogo do bicho. Soares encaminhou ao MP-RJ um dossiê contendo uma série de denúncias contra a cúpula das Polícias: contra a Polícia Militar, de homicídios e desaparecimentos de pessoas; contra a Polícia Civil, de extorsão.

Perguntado em um programa de TV sobre essa iniciativa de seu subordinado, Garotinho, aparentando surpresa, demitiu-o sumariamente. Essa demissão foi uma vitória da cúpula denunciada: o secretário da Segurança Pública, coronel Josias Quintal, desafeto do ex-coordenador, e o chefe da Polícia Civil, Rafik Louzada. Afinal, ambos viam Soares como um "estranho no ninho". O resultado foi a volta da política de segurança ao seu leito normal: Quintal acumularia as funções de secretário e de coordenador de Segurança, Justiça e Cidadania. A política proposta no início do governo foi desmontada, e a equipe de Soares se demitiu em conjunto.

A relação de autoridades públicas com fatias poderosas do crime organizado, especialmente o jogo do bicho, não é uma novidade. Um dos casos mais célebres foi o do então governador, Moreira Franco que, em fevereiro de 1991, a um mês de deixar o cargo, recebeu no Palácio Guanabara dois bicheiros célebres: Anísio Abrão David, presidente da escola de samba Beija-Flor, e Carlinhos Maracanã, líder da Portela. Perguntado sobre o caráter do encontro, Moreira procurou demonstrar naturalidade ao afirmar que foi apenas "um encontro administrativo, sobre a cessão do terreno para o museu do carnaval. Eram bicheiros. O que posso fazer? A vida social é o que é", concluiu singelamente.

A década de 1990 é entendida por estudiosos da violência no Rio de Janeiro como o período a partir do qual o tráfico de drogas começou a conquistar espaço no quadro das organizações criminosas. A célebre fase de Leonel Brizola — "no meu governo a polícia não sobe o morro" — foi transformada, no debate político, em uma senha para liberar o avanço do tráfico nas favelas, tal como é representado no aclamado filme *Cidade de Deus* (2002). Em algumas áreas, o bicho e o tráfico estabeleceram relações razoavelmente pacíficas; em outras, o conflito armado entre eles resultou no crescimento dos índices de violência do estado em geral, e da capital em particular. Embora não fosse citada, naquele momento, como um "problema" de segurança pública – para muitos, como o então prefeito da capital, Cesar Maia, poderia ser uma "solução" para combater os traficantes –, as milícias também ganharam corpo a partir de 1990 e, já nos anos seguintes, começaram a ser comandadas por policiais.

Não é difícil concluir que, no Rio de Janeiro, a violência cresceu no rastro de disputas por ocupação de território, o que envolveu táticas de guerra e armamento em abundância, tendo como resultado o crescente aumento de baixas – mortos e feridos – no seio da população dessas áreas conflagradas. Não por acaso, como veremos no próximo capítulo, uma das principais plataformas da campanha de Sérgio Cabral ao governo do estado, em 2006, foi a promessa de implementar uma política de recuperação, pelas forças de segurança, desses territórios "dominados": a política das UPPs.

A decisão de Garotinho de concorrer à presidência da República, em 2002, mudou o foco inicial de seu governo com vistas à reestruturação do eixo da política do Rio de Janeiro, ainda balizado pelo PMDB, que possuía forte presença na Alerj, a começar pelo controle dos principais cargos da Casa: o de presidente (Sérgio Cabral) e o de secretário-geral (Jorge Picciani). Em 2000, Garotinho saiu do PDT de Brizola, abandonando a possibilidade de aí construir uma sólida base político-eleitoral, com a qual pudesse contar para assumir o papel de principal liderança do estado e, a partir daí, aspirar a uma futura disputa presidencial. Em abril de 2001, se desincompatibilizou do governo e entregou o cargo de governador para a vice, Benedita da Silva. Rompido com o PT, lançou-se candidato à presidência pelo PSB de Miguel Arrais, partido com baixa representação na política carioca e fluminense. Garotinho ficou em terceiro lugar atrás de Lula e José Serra, mas conseguiu eleger sua esposa, face principal da política social do governo, para sua sucessão.

Em mais uma jogada de risco político, em abril de 2003, Garotinho assumiu a Secretaria de Segurança Pública do governo Rosinha, com a tarefa de solucionar a grave crise na área da segurança pública que dominava o estado. Ao contrário de seu "primeiro mandato", quando apresentou uma política de segurança com metas e objetivos condizentes com a filiação ideológica da aliança que o levara ao poder, Garotinho não tinha, agora no governo Rosinha, nada a oferecer nessa área. Divergindo do "chefe" do PSB nacional, Miguel Arrais, acabou expulso do partido em agosto. Para onde foi, então? Para o PMDB, então comandado por Jorge Picciani, presidente da Alerj, e pelo senador eleito em 2002, Sérgio Cabral, bola cantada para a eleição ao governo estadual em 2006.

Desgastado à frente da segurança pública, sem uma estrutura político-partidária fiel à sua orientação, Garotinho deixou a Secretaria em setembro de 2004, com o projeto de reforçar seu capital político ao reafirmar sua tradicional liderança no Norte do estado, com o que pudesse advogar um lugar de destaque no PMDB. O alvo principal de seus esforços seria a prefeitura de Campos, onde apoiou Geraldo Pudim. Deu tudo errado. Além da derrota de Pudim, o casal Garotinho foi acusado pelo Ministério Público Eleitoral de utilizar o Cheque-Cidadão e a distribuição de cestas básicas para a compra de votos. Devido às denúncias de fraude, a eleição para a prefeitura de Campos foi anulada. Em março de 2005, realizada nova eleição para prefeito de Campos, o candidato de Garotinho foi mais uma vez derrotado.

Derrotado em seu próprio reduto eleitoral, acossado pelos alarmantes índices de violência que assolavam as áreas mais pobres do estado onde residia boa parte de seu eleitorado, o casal Garotinho viu, progressivamente, sua força política escorrer pelos dedos. Apesar dos contratempos do governo, que estava longe de ser bem avaliado como em 2002, Garotinho anunciou sua intenção de concorrer às eleições internas que o PMDB realizaria para escolher seu candidato à presidência da República. Só que a maior parte do partido, em especial a seção do Rio de Janeiro, preferia apoiar a reeleição do presidente Luiz Inácio Lula da Silva em 2006. E assim foi.

No rescaldo de seu segundo mandato, a família Garotinho sofreria uma série de acusações. Algumas delas, no âmbito eleitoral, denunciavam ações de abuso do poder político e econômico, focando a ligação entre empresas que fizeram doações à pré-campanha de Garotinho e organizações não governamentais (ONGs) contratadas pela Fundação Escola de Serviço Público (Fesp) que prestavam serviços ao governo estadual. Como resultado de seu isolamento, Garotinho lançou mão de um inusitado instrumento de protesto político: fez greve de fome contra uma suposta perseguição que estaria sofrendo por parte do "sistema financeiro e da grande mídia liderada pelas Organizações Globo e pela revista *Veja*". Depois de oito anos à frente do governo do estado, o casal ficou de fora das disputas eleitorais de 2006: limitou-se a declarar apoio à candidatura vitoriosa de Sérgio Cabral ao governo estadual.

A cena final do governo foi o pedido de prisão, feito pela Polícia Federal, do chefe da Polícia Civil, Álvaro Lins, em dezembro de 2006. Acusado de comandar uma organização criminosa, envolvida com caça-níqueis, contrabando de componentes eletrônicos e loteamento de delegacias, Lins escapou de ser preso, então, porque possuía mandato parlamentar, já que acabara de ser eleito para a Câmara dos Deputados. A hora e a vez de Garotinho chegaram mais tarde, em maio de 2008, quando, em ação inédita contra um governador, foi denunciado pelo Ministério Público Federal por crime de formação de quadrilha armada.[5] Lá se foi mais um governante que não conseguiu ser o "autor" que o estado do Rio de Janeiro tanto procurava. *E agora, Rio?*

5 *O Globo*, 30/05/2008.

Capítulo 7
A "república da ostentação"

1. *Brazil takes off*: a hora e a vez de Sérgio Cabral

Brazil takes off foi a chamada de capa da prestigiosa revista *The Economist*, de novembro de 2009. Ao fundo, aparecia a mundialmente conhecida estátua do Cristo Redentor, eleita dois anos antes uma das sete maravilhas do mundo contemporâneo, decolando rumo ao espaço. O fato é que não só o país estava bem: o Rio de Janeiro também se encontrava, naquele momento, em plena decolagem para o sucesso. O governo de Sérgio Cabral, eleito em 2006, fechava seu terceiro ano usufruindo de bons resultados na economia e na política, em uma clara indicação de que o governador viria a ser reeleito nas eleições do ano seguinte, 2010, o que de fato ocorreu. Depois da experiência desastrosa dos oito anos dos governos dos Garotinhos (1999-2006), a pergunta que corria de boca em boca era: será que o estado havia, finalmente, encontrado o seu "autor"?

Quem era Sérgio Cabral Filho? Filho de Sérgio Cabral – jornalista e militante do PCB preso durante a ditadura militar e, posteriormente, vereador na cidade do Rio de Janeiro entre 1983 e 1993 –, Cabral iniciou sua atividade política no âmbito do revigorado movimento estudantil a partir da abertura no início da década de 1980. A campanha eleitoral de seu pai à Câmara Municipal, em 1982, o aproximou da esquerda do PMDB. Depois de uma passagem pelo governo Moreira Franco, transferiu-se para o PSDB, onde iniciou sua trajetória parlamentar em 1990, quando foi eleito deputado estadual. Líder da bancada do partido na Alerj, pautou sua atuação na defesa dos idosos. Reeleito como o deputado mais votado do estado, contou com o apoio de Marcello Alencar (PSDB), recém-empossado como governador fluminense, para assumir a presidência da Alerj na legislatura que se iniciaria em fevereiro de 1995. Derrotado no ano seguinte na eleição para a prefeitura da capital, Cabral resolveu fazer da Alerj o bastião a partir do qual pavimentaria sua estrada rumo ao Palácio Guanabara. Em 1997, de volta ao comando do Palácio Tiradentes, montou, com o deputado Jorge Picciani no cargo de secretário-geral da Casa, uma estrutura de poder que se imporia aos(às) governadores(as) Marcello, Garotinho e Rosinha. Demonstrando vigor eleitoral em eleições proporcionais, Cabral conquistou quase 380 mil votos em 1998, tornando-se o deputado estadual mais votado do país. Rompido com Marcello Alencar, saiu do PSDB em 1999 e voltou ao velho ninho do PMDB, onde viria a figurar como um dos jovens políticos em ascensão no panorama nacional. Em 2002, foi eleito para o Senado, e aí construiu um projeto de alinhamento com o presidente Lula. Finalmente, viria o pouso no Palácio Guanabara em 2006, quando venceu a juíza Denise Frossard (PPS) no segundo turno. Reeleito no primeiro turno, manteve a dobradinha com o PT federal que, em 2010, elegeu Dilma Rousseff para substituir o presidente Lula. Apesar do desgaste em sua popularidade provocado pelas manifestações de 2013, Cabral conseguiria, no ano seguinte, emplacar seu sucessor, Luiz Fernando Pezão, que havia sido seu vice e secretário de Obras.

A partir das informações pessoais e políticas elencadas anteriormente, poderíamos deduzir que o "novo" estado do Rio de Janeiro criado em 1975, depois de várias experiências malogradas, finalmente havia encontrado o seu "autor"? Pelo Palácio Guanabara, haviam passado o interventor Faria Lima e seu projeto de um "estado sem política" (1975-79); Chagas Freitas e o chaguismo como *modus operandi* de fazer política (1979-83); Brizola, o "socialismo moreno" e a missão de ser presidente da República (1983-87; 1991-95); Moreira Franco e o *pemedebismo* em formação/ação (1987-91); Marcello Alencar e a aposta na construção de uma "social-democracia trabalhista" (1995-99); os Garotinhos e a "república evangélica do chuvisco" (1999-2007). Será que havia chegado a hora e a vez de Sérgio Cabral juntar Guanabara e a "Velha Província" em um estado que se reconhecesse como uma só unidade federada? Ficariam definitivamente para trás os movimentos pela "autonomia carioca" e pela "Guanabara Já" que assolaram os seus antecessores?

A geração de Cabral começou a fazer política no momento da retomada da vida partidária no início da década de 1980. Desde cedo, ele caminhou pelos meandros do PMDB, aprendendo a gramática da negociação, da conciliação e da construção de maiorias parlamentares, bases do que Marcos Nobre chama de *pemedebismo* (Nobre, 2013). Esse aprendizado foi fundamental para a carreira parlamentar que construiu em seu novo partido, o PSDB, a partir de um relacionamento de confiança com o governador Marcello Alencar, que o conduziu ao mais alto posto da Alerj, onde se manteve por quatro mandatos (1995-2003). Essa longa vivência parlamentar, alimentada pela dobradinha que fez com o secretário-geral da Casa, Jorge Picciani, deu a Cabral, no PMDB desde 1999, uma sólida base formada por deputados de diversos partidos, os quais, em sua maioria, lhe deviam "alguma coisa". Nenhum outro governador usufruiria de uma relação tão favorável com o *Palerj*, em uma conjunção de interesses entre Executivo e Legislativo como poucas vezes se viu na política do estado.

Da derrota na eleição de 1996 para a prefeitura da capital, onde o vitorioso foi Luiz Paulo Conde, apadrinhado pelo então prefeito Cesar Maia, Cabral tirou duas lições. A primeira delas foi que ter sido o deputado estadual mais votado, dois anos antes, não era garantia de vitória para o Executivo. E mais: Maia era o grande nome da política carioca, desde que havia vencido o PT e o PDT nas eleições de 1992, com um discurso em favor da lei e da ordem, e projetos inovadores de reforma urbana – Rio-cidade e Favela-bairro, entre outros – copiados pelo Brasil afora. Convidado por Marcello Alencar para se candidatar à sua sucessão, em 1998, Cabral disse não: optou por renovar seu mandato na Alerj, articulou-se com o novo governador, Anthony Garotinho, e foi reeleito para presidir a Casa por mais dois anos, garantindo a governabilidade do pedetista em troca do controle das duas comissões mais importantes, as de Justiça e de Orçamento.

A decisão de concorrer ao Senado em 2002 ligou-se a uma conjunção favorável de fatores da política estadual e nacional. Para não colocar em risco o capital político amealhado em quase uma década na presidência da Alerj, Cabral precisava ter um nome de sua inteira confiança para sucedê-lo no posto: Picciani foi esse nome. Poderia, então, alinhar sua carreira nos trilhos da política nacional, ainda mais a se confiar no bom relacionamento entre o PMDB e o PT de Lula, ávido por ampliar o leque de alianças com vistas à sua candidatura à presidência da República. Para Amorim e Santos (Amorim Neto e Santos, 2013), esse alinhamento a Lula, construído ainda no primeiro mandato do petista (2003-6), foi um dos "segredos" do sucesso de Cabral, não só para ganhar a eleição para o governo estadual em 2006, bem como para conquistar recursos para sua administração, na medida em que a política local teria passado a se guiar pelos "ditames da política nacional". Ainda segundo os autores, a aliança PMDB-PT em torno do projeto Lula/Dilma teria garantido ao estado do Rio de Janeiro a "captura de espaço político e de transferências orçamentárias". Ao contrário das constantes desavenças entre os Executivos estadual e federal – talvez com a rara exceção de Marcello Alencar e FHC –, havia agora um forte incentivo, inclusive fiscal, para os dois entes federados se ajustarem em torno de um projeto hegemônico nacional.

2. Desafios à frente

Do ponto de vista do campo político fluminense, Cabral precisava enfrentar o desafio de preencher o espaço vazio deixado por lideranças populares que, por décadas, haviam marcado a política do Rio. As crescentes massas que habitavam favelas e periferias sentiam-se órfãs desde o fim do brizolismo, já que Garotinho não demonstrara capacidade de construir o garotismo e de se construir como um líder carismático, includente e agregador. Tampouco Cabral possuía discurso e propostas capazes de conquistar as massas populares. Dono de um perfil palatável à classe média suburbana, de onde era oriundo, e de setores da intelectualidade liberal da Zona Sul — daí, projetos para os idosos e de permissão de união estável para casais homossexuais —, soube fazer escolhas políticas que o favoreceram e beneficiaram o estado, econômica e financeiramente. Uma dessas foi o estabelecimento de relações próximas com o governo federal que, ao contrário do padrão anterior de relacionamento — Rosinha declarou luta aberta contra Lula —, abriu os cofres para o financiamento de projetos de interesse do Rio de Janeiro.

Por isso mesmo, o PMDB que voltou ao governo fluminense com Cabral em 2006 teria pouco a ver com aquele que, no final dos anos 1980, governara com Moreira Franco, sempre às turras com o presidente Sarney. Diante da fraqueza do PT/RJ e da falência das propostas pedetistas com Brizola e Garotinho, o PMDB de Cabral se mostrou capaz de conciliar o tradicional *pemedebismo*, garantidor da governabilidade por meio da construção de maiorias na Alerj — Picciani à frente —, com projetos de forte apelo popular, como a saúde (UPAs) e a segurança pública (UPPs).

Pacificada a costumeira tensão entre os Executivos estadual e federal, Cabral precisava enfrentar dois outros desafios igualmente difíceis e que, de algum modo, estavam entrelaçados. O primeiro deles seria ampliar sua influência dentro do PMDB fluminense, a ponto de possuir capital político suficiente para "impor" um nome capaz de ganhar a eleição para prefeito da capital em 2008, enfrentando o poder de Cesar Maia, que ostentava o recorde de permanência à frente do Executivo municipal (1993-97, 2001-08).

Como visto anteriormente, o processo eleitoral da capital sempre foi motivo de tensão dentro dos partidos políticos, pautado que era pela dissensão entre o nome indicado pelo governador e os outros aspirantes ao cargo, apoiados por setores do partido. Desde 1985, quando o prefeito deixou de ser escolhido pelo governador e passou a ser eleito, os descontentamentos reinaram e a troca de legenda pareceu inevitável. Saturnino Braga, apesar de ter sido o nome preferido de Brizola para o pleito de 1985, acabou rompendo com o governador e migrando para o PSB dois anos depois. Marcello Alencar não aceitou o veto de Brizola ao nome por ele indicado para sucedê-lo em 1992 à frente da prefeitura da capital, e trocou o PDT pelo PSDB. O enfraquecimento do partido brizolista, daí decorrente, abriu caminho para a emergência de Cesar Maia como o grande nome da política carioca por quase duas décadas.

A escolha de Cabral para 2008 recaiu no nome de Eduardo Paes que, por um triz, não perdeu a eleição para Fernando Gabeira, então no Partido Verde, que correu por fora nas pesquisas. Como ficou provado nas urnas, a aposta do governador em Paes, antigo apadrinhado de Maia, foi arriscada, por muitas razões. Comecemos por seu perfil político. Paes ingressou na política pelas mãos do prefeito Cesar Maia, que o indicou para assumir a subprefeitura da Barra da Tijuca em 1993. Depois de uma breve passagem pelo Partido Verde, abrigou-se no PFL de Maia, por cuja sigla, em 1996, elegeu-se como o vereador mais votado do país. Em 1998, conquistou uma cadeira de deputado federal, e, ao sabor de seu padrinho, traçou uma carreira política com baixo grau de fidelidade partidária. Do PFL pulou para o PTB, voltou ao PFL e se aninhou no ninho tucano em 2003. Na condição de parlamentar da oposição, participou ativamente da Comissão Parlamentar Mista de Inquérito (CPMI) que investigou as denúncias de corrupção nos Correios, aproveitando o palco para mover cerrados ataques contra o PT e o presidente Lula. Graças a essa exposição nacional, Paes foi indicado, em 2006, para concorrer ao governo do estado, sendo derrotado por Cabral. Em mais uma virada político-partidária, Paes desobedeceu à orientação tucana, apoiou Cabral no segundo turno, e ganhou a Secretaria de Esportes, Turismo e Lazer, de onde conduziria a realização dos Jogos Pan-Americanos, em 2007. Nesse mesmo ano, ingressou no PMDB, por cuja sigla se lançaria, no ano seguinte, candidato a prefeito do Rio.

As resistências ao nome de Paes partiram de vários lugares. Dentro do PMDB, engrossado com a presença do ex-governador Garotinho, havia um grupo liderado por Picciani e Eduardo Cunha que pregava a formação de uma aliança com o Democratas (DEM) – edição repaginada do PFL – em torno do nome do delegado federal, Marcelo Itagiba, eleito, em 2006, para a Câmara dos Deputados. Cabral conhecia o PMDB/RJ como a palma da mão e sabia que não era a hora de piscar: ele era o "chefe" de um partido que, no Rio, teve mais chefes – à moda Chagas Freitas – do que líderes. Outra fonte de resistência, um pouco inesperada, veio da primeira-dama, dona Mariza Lula da Silva, que não engolira as ofensas que Paes havia desferido contra seu filho no âmbito da CPMI.

Em nome do pragmatismo, Paes, Cabral e Lula esqueceram ditos, mal ditos, ofensas, e apostaram as fichas no futuro prefeito de uma cidade que, se tudo desse certo, estaria no centro das atenções do Brasil e do mundo: o Rio seria a sede de um dos grupos da Copa do Mundo a ser realizada em 2014 e, dois anos depois, abrigaria, pela primeira vez na América do Sul, as Olimpíadas. Por isso mesmo, ao bancar a campanha vitoriosa de Paes na capital, Cabral deu um considerável *upgrade* em sua carreira política, ao elevar seu cacife no concerto dos estados e, sobretudo, no panorama nacional. O esquema funcionou bem: em 2010, garantiu a reeleição no primeiro turno com mais de 5,2 milhões votos, quase 67% do eleitorado.

A dupla Paes-Cabral, ao contrário de antecessores que frisavam as "diferenças entre cariocas e fluminenses", pareceu ser capaz de investir na diluição das fronteiras entre a Guanabara e o estado do Rio e, apesar da frase de efeito, de rima pobre, do ex-governador Garotinho – "Cabral dá atenção demais à capital" (Garotinho..., 2007) –, o governador era a cabeça de uma rede de alta capilaridade política que abarcava o que se costuma chamar de "interior do estado".

A montagem do secretariado foi fiel ao estilo político do governador, que procurou amainar os conflitos implícitos em qualquer processo de composição de uma equipe governamental. Para tanto, lançou mão do argumento clássico do "critério técnico" e buscou colocar "cada macaco em seu galho": Carlos Minc (Meio Ambiente); Sergio Cortes (Saúde); Joaquim Levy (Fazenda); Nelson Maculan (Educação); Benedita da Silva (Ação Social); José Mariano Beltrame (Segurança Pública); Julio Bueno (Desenvolvimento Econômico). A estes nomes se juntaram aqueles da cota pessoal, boa parte oriunda da equipe que com ele serviu na Alerj: Sergio Ruy (Planejamento); Wilson Carlos (Chefe de Gabinete); Régis Fichtner (Casa Civil). Finalmente, os agregados por interesses regionais e partidários: Eduardo Paes (Esportes, Turismo e Lazer); Luiz Paulo Conde (Urbanismo); Alexandre Cardoso (Ciência e Tecnologia); Christino Áureo (Agricultura); Noel de Carvalho (Habitação).

3. O Rio vai ao paraíso: as UPPs em ação

> Primeiro, entraram os homens do Bope e da Polícia Civil, depois o Batalhão de Choque, para mapear o território e definir o local onde se instalariam as bases comunitárias. Nas etapas seguintes, de implantação e controle, chegavam os soldados recém-formados das UPPs e as equipes responsáveis por avaliar os resultados. Só depois de *dominados os territórios*, viriam os investimentos e benefícios sociais. [Manso, 2000:174, grifo nosso]

A "queda" do Complexo do Alemão, no final de novembro de 2010, foi um marco na trajetória da política de segurança comandada pelo secretário de Segurança, delegado federal José Mariano Beltrame, cantado em prosa e verso pelas conquistas já alcançadas pela instalação de UPPs em várias favelas, que passaram, a partir de então, a ostentar baixos índices de criminalidade. Tratada como uma operação de guerra, a ocupação do Alemão contou com o apoio das Forças Armadas, com destaque para militares que fizeram parte das forças brasileiras no Haiti e para seis blindados dos fuzileiros que passaram por cima das barricadas erguidas pelos traficantes. Duas fotos foram simbólicas: a dos bandidos, de sandália havaiana, em fuga pelas matas que cercavam o morro; e a do hasteamento da bandeira nacional no topo do Alemão marcando a vitória na "guerra".

Em *A república das milícias*, Bruno Manso faz um relato preciso das primeiras iniciativas do governo Cabral na área da segurança pública, considerada por ele "prioridade número um de sua administração" (Manso, 2000:170 e ss.). A estratégia era sufocar o tráfico que alimentava os confrontos entre as facções que disputavam o controle do território. A tática foi escolher um alvo – o Complexo do Alemão –, consolidado como o quartel-general do Comando Vermelho, que havia ganhado o foco da mídia por conta do assassinato do jornalista Tim Lopes. Nos primeiros meses de 2007, foram 42 ataques sucessivos com dezenas de mortos e feridos, além dos abusos costumeiros contra a população local de mais de 70 mil moradores. "Acabar" com o tráfico seria a contrapartida exigida pelo governo federal para direcionar à cidade pesados investimentos dentro do Programa de Aceleração de Crescimento (PAC). No entanto, os resultados desastrosos de uma grande operação ocorrida no final de junho, com 19 mortos, tiveram repercussão internacional, revoltaram a sociedade e provocaram uma mudança de estratégia no enfrentamento das facções que ocupavam territórios e subjugavam as populações que aí residiam.

Assim, ganhou força a ideia da adoção de uma política pública de segurança mais estável e permanente, que pudesse ser replicada em outras áreas conflagradas pelas disputas por pontos de venda de drogas. No lugar de ataques e recuos, a proposta era ocupar as favelas, permanentemente, com forças de segurança aí instaladas fisicamente. Era óbvio que esse tipo de operação requeria uma grande quantidade de recursos financeiros e humanos, avalizada, certamente, pelo governo Lula, interessado em inflar o estado/cidade cujas potencialidades futuras apontavam para a importância de uma parceria com Cabral: a exploração do petróleo, cujos preços aumentavam na mesma proporção que o crescente consumo da China, e a escolha do Rio como sede das Olimpíadas em 2016.

Só para relembrar, logo no início do governo Garotinho, houvera a tentativa de implantar uma polícia comunitária no Pavão-Pavãozinho, dentro do conceito de aproximar o morador da força policial. A experiência não vingou por falta de continuidade após a saída do antropólogo Luiz Eduardo Soares da área de segurança do estado. No caso das chamadas Unidades de Polícia Pacificadora, logo popularizadas pela sigla UPPs, a continuidade foi o segredo do sucesso que perdurou por alguns anos. O projeto começou em dezembro de 2008, pela instalação da UPP na favela Dona Marta, em Botafogo. A escolha foi feita a dedo, já que era uma comunidade pequena, de fácil acesso e controle. O comando, inteligentemente, foi entregue a uma capitã, preta, o que facilitaria sua identificação com a maioria da população local, formada por mulheres pretas, chefes de família. Menos do que combater o tráfico no âmbito de uma típica política de combate às drogas, o que importava aqui era "liberar" os territórios, restringindo o uso de armas pesadas, especialmente os fuzis, cujo poder destrutivo cada vez mais tomava conta de morros e favelas, causando pesadas baixas em termos de vidas, de moradores, de policiais e de traficantes.

Começou a haver uma disputa entre as favelas para ver quem conseguiria "ganhar" uma UPP, uma vez que as taxas de crimes violentos, inclusive mortes por ação da polícia, caíam nas áreas "premiadas". A agenda de ocupações pelas UPPs seguiu, no entanto, o atendimento de interesses impostos por eventos da conjuntura, a começar pela reeleição do governador, cuja política de segurança parecia estar "dando certo" em espalhar o "estado de direito" nas áreas antes submetidas aos "donos do morro". A realização da Copa do Mundo no Maracanã, por um lado, e a costumeira valorização da Zona Sul como área turística, por outro, acabaram orientando a instalação de inúmeras UPPs no circuito de favelas da Tijuca, bem como no Pavão-Pavãozinho, Chapéu Mangueira, Babilônia, que se tornaram roteiros turístico-gastronômicos, inundando de otimismo as avaliações então feitas sobre o futuro do Rio. Os preços de compra e aluguel de imóveis na capital dispararam; os *royalties* decorrentes da descoberta, desde 2006, de petróleo na camada do Pré-Sal, inundavam o Tesouro estadual. Projetos megalômanos como o do polo petroquímico de Itaguaí (Comperj), de investimentos grandiosos em áreas populares, como a Rocinha e o Alemão, embalavam as expectativas de que o *Rio takes off.*

Para engrossar esse caldo de *good news*, foi instalada, na Alerj, a CPI das Milícias, que se estendeu pelo segundo semestre de 2008 e levou à prisão vários parlamentares: Natalino José Guimarães, deputado estadual (2006), era um dos líderes da Liga da Justiça, organização criminosa que atuava em Campo Grande e Santa Cruz; Jerônimo Guimarães Filho, vereador do Rio (2000), foi preso em 2007, antes da CPI das Milícias, e dividia o comando da Liga da Justiça com o irmão Natalino; Josinaldo Francisco da Cruz, o Nadinho, foi eleito vereador do Rio (2004), com 44% dos votos da zona eleitoral que inclui Rio das Pedras; Luiz André Ferreira da Silva, o Deco, vereador do Rio (2004), comandava uma parte do bairro da praça Seca, na Zona Oeste; Geiso Pereira Turques, o Geiso do Castelo, vereador de São Gonçalo (2004-08).

Em outubro de 2010, a dupla Cabral-Pezão foi reeleita em primeiro turno com 66% dos votos. A paz reinava, e até Picciani resolveu sair da presidência da Alerj, deixando o cargo para Paulo Melo, que havia sido secretário-geral da Casa. Tudo nos conformes, como diria Odorico Paraguaçu.

4. *Rio blown it*: "Não há mal que sempre dure, nem bem que nunca se acabe"

Em setembro de 2013, a capa da revista *The Economist* estampava, de novo, a estátua do Cristo no Corcovado. Só que, dessa vez, a mesma estátua aparecia de ponta-cabeça, afundando em um lamaçal, com direito à presença de cobras e jacarés. A legenda dizia: *Brazil blown it.* Talvez se pudesse trocar a palavra *Brazil* por *Rio*, que tudo continuaria bem. Acusado de liderar uma organização criminosa que desviou 224 milhões de reais, Sérgio Cabral foi preso em 17 de novembro de 2016. Essa foi a manchete de quase todos os jornais que então acompanhavam o dia a dia das prisões dos envolvidos nos desmembramentos da Operação Lava Jato, iniciada dois anos antes. Condenado a penas que somam hoje mais de 300 anos, o ex-governador está na cadeia há quase cinco anos. O que aconteceu entre a vitória fácil na eleição de 2010 e a prisão, seis anos depois? O que aconteceu com o estado do Rio de Janeiro, modelo bem-sucedido de segurança pública com as UPPs, e regado com os *royalties* do petróleo em pleno *boom* dos preços de *commodities*?

Certamente, nessa busca de motivos para a queda de Cabral a "farra dos guardanapos" tem um lugar de destaque. No dia 27 de abril de 2012, o blog do ex-governador Garotinho, que se convertera em um dos principais adversários políticos de Cabral, publicou uma série de fotos sobre a passagem do então governador e sua comitiva por Paris, cerca de três anos antes, em 14 de setembro de 2009. Cotado para ser vice-presidente na chapa de Dilma Rousseff, e até para uma futura candidatura à Presidência da República, Cabral havia ido à capital francesa para receber a comenda da Legión d'Honneur. As fotos que denunciaram a extravagância do banquete comemorativo pelo recebimento dessa honraria revelaram um universo onde se misturaram arrogância, falta de compostura e luxo desmedido. Ao final da festa, alguns dos homens mais poderosos do Rio começaram a dançar no restaurante com guardanapos na cabeça, para horror de *maîtres* e garçons que os serviam. Para alguns procuradores da Lava Jato, a festa seria, na verdade, uma comemoração pelo fato de o Rio de Janeiro ter sido "confirmado" como local da próxima Olimpíada, em 2016, mediante o suborno de um dos jurados da eleição que iria definir a cidade vencedora (Barsetti, 2018).

A reação política às denúncias feitas por Garotinho esbarrou na falta de credibilidade do denunciante, embora o véu de suspeitas contra o governador tivesse sido então levantado. Os efeitos políticos das irregularidades do governo Cabral, de que a farra dos guardanapos fora um símbolo, se fizeram sentir em junho de 2013, no episódio que ficou conhecido como as "jornadas de junho". Em uma noite chuvosa, como a da segunda-feira, dia 3, se ouviu o grito que se transformaria no mote do movimento que, a partir de então, tomaria as ruas da capital fluminense: "Não são só vinte centavos", em referência ao aumento da tarifa de ônibus. E não era mesmo.

No caso específico do Rio de Janeiro, seria fácil concluir que o estopim aceso pelo aumento de 20 centavos nas passagens dos ônibus decretado pelos governos estadual e municipal encontraria um terreno favorável para rapidamente se espalhar e mobilizar manifestantes de extração socioeconômica variada. Pode-se destacar, por exemplo, a forte tradição histórica da "rua carioca" de ter como alvo preferencial de seus protestos as companhias de fornecimento de serviços públicos, em especial a Light, responsável pelos bondes e pela energia elétrica. Identificados pela população como personagens centrais na implantação de uma determinada "ordem" urbana no Rio, os setores empresariais ligados ao transporte público perceberam a importância de ter seus interesses representados nas bancadas parlamentares e nos órgãos executivos ligados à área, como as secretarias de transporte estadual e municipal. Permeáveis às pressões oriundas do pequeno grupo de empresas que controla os fluxos dos ônibus pelas várias regiões da cidade, os poderes estaduais e municipais se converteram em alvos da revolta da população que mora no Rio.

Mantida a Igreja da Candelária como ponto de encontro dos manifestantes – tradição respeitada e reforçada pelas redes sociais –, foi previamente acordado que o objetivo principal era chegar à Assembleia Legislativa estadual, a Alerj e, logo depois, à própria residência de Cabral, no Leblon. O desgaste do governador, uma das autoridades mais atingidas pelas manifestações, foi enorme e, até o fim daquele mês, a pesquisa do *DataFolha* refletia a queda de popularidade do governo. Uma inédita manifestação em São Paulo contra Cabral acabou em um linchamento público de um governador em um estado em que ele não governava. A se crer na pesquisa CNI/Ibope de meados de julho, sua aprovação havia despencado a míseros 12% da população fluminense.

A Lei de Murphy prevaleceu, e tudo que poderia dar errado, deu errado. Em julho de 2013, o pedreiro Amarildo, acusado de conivência com o tráfico e preso por militares da UPP da Rocinha, desapareceu. Pela primeira vez, a UPP sofreria ataques da mídia por "desrespeito dos direitos humanos" e se tornaria, a partir de então, alvo das manifestações de rua. Cabral ainda tentou, inutilmente, jogar a responsabilidade sobre os ombros do secretário Beltrame, cuja credibilidade era muito mais robusta que a dele. O fato é que o projeto de transformar o Rio em uma vitrine de grandes eventos internacionais – a presença do Papa na Jornada Mundial da Juventude, a Copa das Confederações, os preparativos para a Copa do Mundo e as Olimpíadas – teve efeito contrário ao que era previsto. Manifestações contra os gastos exagerados na Copa das Confederações, em 2013, toldaram as vitórias aí obtidas pela seleção brasileira nos campos de futebol. Já na Copa do Mundo, o saldo da competição foi a maior derrota jamais sofrida pelo Brasil: o 7 a 1 imposto pela Alemanha aumentou o tom da insatisfação que grassava entre os moradores do Rio de Janeiro contra o governador acusado de "ostentação" e "arrogância".

Desse modo, no lugar de abrigar as ambições de Cabral de ser indicado para vice de Dilma na vaga do PMDB até então ocupada por Temer, a percepção do superfaturamento dos gastos envolvidos na execução desses eventos contaminou suas pretensões a uma ascensão no cenário nacional. Para fechar o rosário de penas de Cabral, em 2014 foi instalada a Operação Lava Jato, que resultaria, dois anos depois, em sua prisão sob a suspeita de liderar o desvio de 224 milhões de reais em valores ilícitos. Batizada de Operação Calicute, foi resultado da ação coordenada entre as forças-tarefa da Lava Jato do Rio e do Paraná. Em 17 de novembro de 2016, o ex-governador foi alvo de dois mandados de prisão preventiva e preso em sua residência no Leblon, Zona Sul do Rio de Janeiro.

Dois anos antes, no dia 3 de abril de 2014, Cabral se despedira oficialmente do cargo de governador, com a improvável intenção de se candidatar ao Senado. No dia seguinte, o vice, Luiz Fernando Pezão, pré-candidato ao governo nas eleições de outubro próximo, tomara posse.

5. Pezão, o humilde

Luiz Fernando de Souza, apelidado de "Pezão" pelo tamanho dos pés, é oriundo e fez carreira política em Piraí, pequeno município do Vale do Paraíba, localizado no Sul fluminense. Ostentando um baixo perfil de político municipal, em 1982 foi eleito vereador (PMDB) e, 14 anos depois, viria a ocupar a prefeitura da cidade por oito anos (1997-2004), com altos níveis de preferência do eleitorado local. Destacou-se dos prefeitos da região com a criação do Piraí Digital, programa que ampliou o acesso à internet sem fio e em alta velocidade aos moradores da cidade, com vistas à inclusão de novas mídias e à ampliação da cultura digital no município fluminense. A ascensão ao patamar estadual ocorreu em 2005, quando, a convite da então governadora, Rosinha Garotinho, assumiu como secretário estadual de Governo, permanecendo no cargo até o ano seguinte.

A escolha de Pezão para vice de Cabral nas eleições de 2006 obedeceu a uma série de requisitos considerados importantes naquele momento. A começar pelo seu próprio perfil político, que não ameaçava o brilho do governador e nem despertava conflitos internos no partido. Discreto, de poucas palavras, humilde filho de seu Darcy e de dona Ecy, interioranos simples e despojados, seria o contraponto para um Sérgio Cabral exuberante, amante de ostentação explícita. Para Pezão, também, foi entregue a cobiçada Secretaria de Obras, especialmente em um mandato comprometido com a realização de grandes eventos, a começar pelos Jogos Pan-Americanos em julho de 2007. Reeleito em 2010, Pezão assumiu a Coordenadoria Executiva dos Projetos e Obras de Infraestrutura, já agora com a definição do volume de obras demandado pela realização da Copa em 2014 e das Olimpíadas em 2016, bem como pelos investimentos dirigidos ao estado pelo governo federal por meio do PAC.

A onda que atingiu o governo Cabral, a partir das manifestações de junho de 2013, não chegou diretamente a Pezão, mesmo porque o *tsunami* só viria a partir da Operação Lava Jato, detonada em março de 2014. A saída do governador em abril, sob a alegação de concorrer a uma vaga para o Senado em outubro próximo, deixou o governo do estado nas mãos de Pezão. Pode-se especular que o roteiro pré-2013 era outro: Cabral sairia como vice de Dilma, e o candidato ao governo do estado seria um nome mais "vistoso", com um capital político que agregasse valor a Cabral. A mudança de planos forçada pelo andamento das investigações que o atingiam diretamente – Cabral não se lançou candidato a qualquer cargo – acabou favorecendo a candidatura de Pezão, dessa vez a titular do Executivo fluminense. Pelo menos duas diferenças podem ser notadas entre a eleição anterior, de 2010, e a de agora, quatro anos depois. No lugar de uma chapa puro-sangue do PMDB, o vice de Pezão foi o senador Francisco Dornelles, do PP. Além do mais, a chapa governista ganhou só no segundo turno, quando derrotou Marcelo Crivella (PRB) com uma diferença de 11 pontos percentuais: 55 a 44%.

Em seu discurso de posse, realizada em janeiro de 2015 na Alerj, de volta à batuta de Jorge Picciani – até novembro de 2017, quando o deputado foi preso –, Pezão alertava que, depois da bonança dos anos Cabral, era chegada a hora do "ajuste fiscal", palavrão costumeiramente usado por governantes que acabaram de se eleger com promessas mirabolantes de investimentos em "saúde e educação", mas que acabam empurrando cortes de gastos. O estado do Rio de Janeiro não foi o único ente federado a sofrer os efeitos da crise econômica. O governo Dilma, acusado de estelionato eleitoral, também incorporou o ajuste fiscal ao seu vocabulário, chamando para o Ministério da Fazenda o economista Joaquim Levy. De todo modo, ao contrário da "exuberância" dos oito anos de Cabral, a crise econômico-financeira tornou-se a tônica da gestão Pezão. Questões ligadas à arrecadação tributária – foi desvendada pela Lava Jato uma rede de isenções de impostos e tributos, especialmente o ICMS, para empresas que davam propina ao governador e sua *entourage* – explicavam, em boa parte, as severas condições financeiras enfrentadas pelo estado. A essa política fiscal frouxa e leniente somou-se a queda dos lucros obtidos pelos *royalties* do petróleo, cujo preço do barril estava em baixa.

Gradativamente, ao longo do ano, a falta de recursos começou a atingir o funcionamento de serviços essenciais. Diversas emergências hospitalares suspenderam seus serviços; na educação, pipocavam denúncias de falta de material pedagógico e de comida para a merenda escolar, além do parcelamento do 13º salário e do atraso no cronograma dos salários dos professores. De todo modo, o governador tinha que concluir as obras previstas para os Jogos

Olímpicos marcados para meados de 2016, na cidade do Rio de Janeiro.

O que já era ruim ficou pior. Em 28 de março de 2016, Pezão anunciou que havia sido diagnosticado com um linfoma não hodgkin, tipo de câncer que afeta as defesas do organismo. Para o tratamento da doença licenciou-se do cargo, sendo substituído pelo vice, Francisco Dornelles, que ficou à frente da cidade por ocasião das Olimpíadas. Na volta ao governo, no início de novembro, após sete meses de afastamento, Pezão apresentou a fatura da gastança e da corrupção à população fluminense, na forma de um pacote de austeridade com o objetivo de equilibrar as contas públicas, que consistia no aumento do desconto previdenciário de 11% para 14%, no aumento da tarifa do Bilhete Único, na redução de secretarias, entre outras medidas. Nem o outrora poderoso presidente Picciani conseguiu segurar os debates e a votação dessas medidas pela Alerj, que se transformou em palco de protestos quase diários. A crise atingiria o auge com o atraso e parcelamento dos salários dos servidores em novembro de 2016.

Daí em diante foi ladeira abaixo. No final de janeiro de 2017, já no governo de Michel Temer, do PMDB, Pezão solicitou auxílio financeiro ao governo federal, mediante aval para tomar dois empréstimos de cerca de R$ 6,5 bilhões, que tiveram como garantias a privatização da Companhia Estadual de Águas e Esgotos do Rio de Janeiro (Cedae) e uma antecipação de receitas de *royalties* do petróleo. Em fevereiro, o Tribunal Regional Eleitoral do Rio de Janeiro (TRE-RJ) cassou os mandatos de Luiz Fernando Pezão e de Francisco Dornelles, tornando-os inelegíveis por oito anos e obrigando à realização de nova eleição direta para governador. Os desembargadores consideraram que houve abuso de poder econômico e político, uma vez que o governo do estado teria concedido benefícios financeiros a empresas em troca de doações para a campanha do governador e seu vice em 2014. A decisão do Tribunal Regional era passível de recurso, e ambos se mantiveram no cargo até 29 de novembro de

2018, quando Pezão se tornou o primeiro governador a ser preso no Palácio Guanabara, em pleno exercício do cargo.

A decepção e a irritação do eleitorado fluminense com a denominada "velha política", aliás, compartilhadas por boa parte da população brasileira, desembocaram na eleição de um azarão que, correndo por fora das pesquisas eleitorais e do radar dos analistas políticos, atropelou a candidato do "sistema". O juiz Wilson Witzel, sem qualquer experiência política prévia, derrotou o experiente Eduardo Paes, cuja trajetória na política do Rio "vinha de longe". A aposta, mais uma vez renovada, era de que um *outsider*, distante dos esquemas corruptos, pudesse vir a ser o "autor" do estado há tanto tempo ansiado. A conferir no próximo capítulo.

Capítulo 8

Um estado (ainda) em busca de um autor

1. Witzel, um juiz no Palácio Guanabara

Ouvi pela primeira vez o nome de Wilson Witzel quando Tania, a cuidadora de minha mãe, me disse que votaria nele para governador do estado do Rio de Janeiro em outubro de 2018. Sua chapa estava pronta: além de Witzel, votaria em Bolsonaro para presidente e Flávio para senador. Esposa e mãe de policial militar, eu já conhecia suas preferências eleitorais, e jamais emiti qualquer juízo de valor em relação aos seus candidatos preferidos. Desacordo, sim; falta de respeito com as escolhas eleitorais de quem quer que seja, nunca. Apenas perguntei se ela conhecia Witzel, de quem eu sequer ouvira falar: me respondeu que era um juiz, e que "todo mundo que ela conhecia iria votar nele".

Mas como um "Witzel" poderia ganhar uma eleição para o Executivo em um estado cujo sistema político, desde a surpresa Leonel Brizola, em 1982, havia-se blindado contra imprevistos dessa natureza por meio do que Marcos Nobre chamou de *peemedebismo*? De toda maneira, ao contrário do juiz federal – virgem em competição eleitoral –, o ex-governador gaúcho era do ramo e, como vimos anteriormente, apesar das arestas que precisaram ser aparadas, conhecia a gramática da política: tinha história, "vinha de longe", como costumava dizer.

Diferentemente dos governadores anteriores, cuja trajetória prévia favorecia a elaboração de especulações sobre seu futuro governo, saber quem era Witzel pouco ajudava na previsão de suas chances eleitorais e, diante de uma (im)provável vitória, a pergunta era: com quem iria governar? Formado em direito em 1996, trabalhou como defensor público entre 1998 e 2001, quando foi aprovado no concurso para magistratura federal. Como juiz, atuou nas varas criminal e cível, no Espírito Santo e no Rio de Janeiro. Seu ingresso na política partidária ocorreu no início de 2018, quando pediu exoneração da magistratura federal e se filiou ao Partido Social Cristão (PSC) para concorrer ao governo do estado.

Pode-se elencar uma série de fatores que favoreceram, do ponto de vista pessoal e político, a decisão de Witzel de trocar a certeza e a estabilidade de uma carreira no Judiciário pela incerteza e instabilidade inerentes à atividade política. Voluntarismo, sem dúvida, fez parte do rol de motivos que levou Witzel a se lançar na disputa eleitoral. Bem-sucedido na primeira vez, esse voluntarismo não teria, no entanto, o mesmo sucesso quando Witzel, recém-eleito governador, resolveu lançar sua candidatura presidencial para 2022. Bateu de frente com o presidente Bolsonaro, e foi o início do fim de sua breve experiência na política.

Elementos mais racionais fizeram parte da campanha de Witzel ao governo do estado. Desde a Lava Jato, a figura do juiz, graças à atuação de Sergio Moro e de Marcelo Bretas, ganhou um conteúdo político-eleitoral poucas vezes visto na história republicana recente. Faltava a Witzel, no entanto, um palanque robusto que não encontraria no modesto PSC comandado pelo pastor Everaldo. A necessidade de encontrar um palanque forte, onde a falta de uma folha corrida de atuação política fosse vista positivamente, levou o juiz a se aproximar do filho de Bolsonaro, Flávio, candidato ao Senado. A percepção de interesses comuns acabou juntando as campanhas, e os três foram eleitos: Jair, Flávio e Witzel.

E os oponentes de Witzel? Que cartas possuíam então para enfrentar esse azarão que os deixou para trás comendo poeira? O que os desfavoreceu nessa competição eleitoral de 2018? Não era desprezível o conjunto de experientes políticos cariocas e fluminenses ávidos por conquistar o governo estadual: o ex-governador Garotinho, cuja candidatura foi impugnada; o ex-prefeito Eduardo Paes, à frente de uma coligação comandada pelo DEM, que contava ainda com o MDB e o PP; o senador Romário, que largou na frente; o deputado federal Índio da Costa (PSD), o vereador Tarcísio Mota (PSOL), entre outros. Diante desse esquadrão de políticos conhecidos e partidos com vastos recursos e tempo de televisão, a candidatura Witzel se apresentava como uma "novidade", "limpa dos vícios" que haviam levado para a cadeia, em ondas sucessivas, os principais nomes da política do estado: os ex-governadores Sérgio Cabral (2016), Garotinho (2016, 17, 19), Rosinha (2017) e Pezão (2018); os ex-presidentes da Alerj Jorge Picciani e Paulo Mello (2017); e o procurador-geral do estado, Claudio Lopes (2018).

Eleito, no segundo turno, com 4.675.355 votos, quase 60% dos votos válidos, o "juiz", em cujo nome muitos eleitores tropeçavam, derrotou o conhecido e experiente Eduardo Paes — vereador, deputado federal, prefeito do Rio por oito anos —, candidato de uma coligação que unia os mais poderosos partidos do campo político fluminense, o DEM, o MDB e o PP. *E agora, Witzel?*

2. Sem base política definida, governador busca cacife junto a Bolsonaro[1]

Eleições como a de Wilson Witzel para o governo do Rio de Janeiro costumam juntar, em uma mistura pouco palatável para o mundo da política, doses de surpresa, incerteza e improvisação. No caso fluminense, a surpresa foi ainda maior dado o grau de estabilidade da elite pemedebista que controlou, com breves interrupções, o Executivo e o Legislativo do estado desde, pelo menos, a segunda metade dos anos 1980.

[1] Artigo publicado em *O Globo*, Rio de Janeiro, 2 jan. 2019.

Assim, depois de décadas de certeza do jogo jogado, quando o PMDB, mesmo fora do governo, aí conseguia impor seus interesses por meio do que se costumava chamar de *Palerj* – o Partido da Assembleia Legislativa do Estado do Rio de Janeiro –, reina agora a incerteza em relação às bases que irão sustentar a relação entre os dois poderes. Resumindo: com quem Witzel poderá contar para aprovar seus projetos e, mais importante, a quem deverá recorrer em casos de impasse político? Sem horizonte firme no âmbito local, o novo governador busca aumentar seu cacife junto ao presidente Bolsonaro. Por isso mesmo, deixou em segundo plano sua posse no Rio e partiu rumo a Brasília, como prova evidente de fidelidade àquele que, no momento, pode lhe garantir um cacife mínimo no pesado jogo da política fluminense.

Como consequência desse binômio surpresa/incerteza, a resposta de Witzel tem sido a improvisação. Se os peixes grandes da política local foram aprisionados nas redes da Lava Jato e, portanto, tiveram que se retirar compulsoriamente da cena política, resta-lhe apelar para atores de menor porte, cuja relevância está embaçada por avaliações negativas, como o prefeito Marcelo Crivella, ou, ainda, enredados em investigações e denúncias, como o ex-governador Garotinho.

Se, por um lado, a folha em branco cria a expectativa de que aí se pode escrever uma obra-prima, por outro, os desafios que Witzel terá pela frente não poderão ser respondidos apenas pela "indicação técnica", argumento usado na defesa de secretários com pouca vivência nos meandros políticos da "Velha Província". De qualquer modo, vale o lembrete. Se a inexperiência é falha grave na trajetória de qualquer governador, no caso de um estado quebrado como o Rio de Janeiro pode ser fatal. Para ambos.

3. Witzel, o breve: crônica de um *impeachment* anunciado

Em 2 de janeiro de 2019, dia seguinte à posse do governador fluminense, publiquei um artigo no jornal *O Globo* intitulado "Sem base política definida, governador busca cacife junto a Bolsonaro". Para resumir – antes de desfilar a crônica do anunciado *impeachment* de Witzel –, ele não montou uma base política, e nem se cacifou junto ao presidente. Ao contrário. À imagem do ex-capitão, tentou romper com a chamada "velha política" e construir uma "nova" rede de apoio, ao juntar remanescentes menos conhecidos de antigos governos – como os de Garotinho e Pezão –, a recém-chegados oriundos de partidos "nanicos", como o próprio PSC, pelo qual foi eleito, e de onde pescou seu vice, o vereador Cláudio Castro. A expectativa de Witzel, como a de muitos outros governadores que se elegeram nessa onda "novidadeira", era a de escrever uma obra-prima na página em branco que se abria naquele janeiro de 2019. Deu tudo errado. Especialmente para o governador do estado do Rio de Janeiro, embora outros chefes de Executivos estaduais também estejam penando às voltas com denúncias de corrupção e de malfeitos.

Vamos, então, começar a desfiar o rosário de equívocos do ex-juiz federal, que havia abandonado a magistratura em favor de uma carreira política. Aposta alta, sem dúvida, mas ancorada, em larga medida, no apoio que recebeu da família Bolsonaro, em especial do candidato ao Senado, Flávio, o zero mais antigo dos quatro filhos homens do hoje presidente da República. Uma avaliação mais sensata dos fatores que levaram Witzel à vitória ter-lhe-ia evitado sérios dissabores como estes que enfrentou. Ao não levar em conta a lição do antigo deputado estadual, Paulo Duque, de que a "política tem um vento, que precisa ser decifrado", atribuiu seu sucesso apenas a méritos próprios e à força de atração exercida "naturalmente" pelo poder que passou a ter em mãos. Por isso mesmo, foi com muita sede ao pote e, tal como o governador de São Paulo, João Doria, lançou-se candidato ao distante pleito de 2022. Nem acho que Witzel teria acreditado na prometida rejeição de Bolsonaro à reeleição. Seria demasiada ingenuidade. De todo modo, foi uma rematada insensatez que lhe rendeu o rompimento com o presidente. Indesejável, ainda mais para um estado quebrado, em recuperação fiscal, que depende do aval federal para empurrar sua dívida gigantesca com a barriga.

Se os peixes grandes da política local foram aprisionados nas redes da Lava Jato e, portanto, tiveram que se retirar compulsoriamente da cena política, restou-lhe importar atores tarimbados no âmbito federal, como o deputado por Sergipe, André Moura, que havia sido líder do governo Temer no Congresso Nacional. Pescou ainda nas águas turvas da política local atores inexperientes, e os elevou à condição de articuladores de primeira linha, sem levar em conta a pouca vivência que possuíam nos meandros políticos da "Velha Província".

A crise política que desaguou no pedido de *impeachment* resultou do enfrentamento da pandemia que atingiu severamente o governador, ao ser delatado pelo secretário de Saúde por envolvimento em denúncias de corrupção nos contratos para o combate ao coronavírus. O placar de 69 a zero a favor da abertura do processo de *impeachment* dá bem a dimensão de sua fragilidade política na Alerj.

O governador tentou deslocar o jogo para um campo que domina melhor: o Judiciário. A tentativa de invalidar esse resultado acachapante na Alerj teve um sopro de vida com a liminar do STF que suspendeu a comissão que analisou o *impeachment*. O respiro durou pouco. No campo jurídico, pesou a posição do procurador-geral, Augusto Aras, contrário à liminar e a favor da legalidade da comissão, posição confirmada pelo ministro Alexandre de Moraes.

Restou-lhe a arena política. A tentativa de compor uma base, capaz de, por cima da fragmentação partidária característica da composição da Alerj, salvá-lo da perda do mandato se parece, talvez, com o sonho de uma noite de inverno. Apesar dos esforços do calejado André Moura, elevado a secretário da Casa Civil, líderes de partidos estimaram que o governador não teria os 24 votos necessários para escapar da "degola".

Encerro com outro veterano da política, o mineiro Magalhães Pinto: política é como nuvem. Você olha, está de um jeito. Olha depois, está de outro.

4. O afastamento do governador: a soma dos erros

Enquanto cumprimentava os apoiadores no Alvorada, um deles se identificou como carioca, o que motivou o presidente Bolsonaro a lhe perguntar, por entre risos de deboche, "quem é teu governador?". "Agora, é o vice", respondeu o homem prontamente. Ao ler essa matéria no *Globo*, logo me lembrei de um antigo ditado que diz: "quem tem telhado de vidro, não joga pedra no dos outros". Incapaz de resistir a qualquer estímulo, quer lhe seja favorável ou não – veja-se a ameaça de "porrada na boca do jornalista" –, Bolsonaro perdeu mais uma oportunidade de ficar calado e guardar sobriedade em relação a esse assunto. Sonho impossível, pois acho que o ex-capitão sequer sabe o significado dessa palavra. Agora, mesmo que o governador Witzel não tivesse explicitado os interesses de Bolsonaro em seu afastamento do cargo, a reação debochada do presidente o conduziu para o centro dos holofotes, ao reativar a inefável pergunta que o persegue: "Por que Queiroz depositou 89 milhões na conta da primeira-dama?". Considere-se também que essa atitude presidencial desrespeitosa não emite sinais políticos favoráveis a aliados, que passam a desconfiar da possibilidade de serem "Witzel amanhã".

Por falar em primeiras-damas, temos que nos referir a Helena Witzel. Trata-se de mais uma advogada, com escritório muito ativo no atendimento de clientes que possuem relações com o estado, conforme demonstrado no alentado relatório do MPF, que incluiu dados da Receita Federal e da Polícia Federal. Aprender com os erros dos outros – de Sérgio Cabral, por exemplo – é uma qualidade que nem todos têm. Witzel demonstrou, aqui também, toda a sua inexperiência e arrogância à frente de um estado que jamais comportou ingenuidade de amadores. Pelo que pudemos ver pela mídia, acreditou ele que bastava apresentar notas fiscais e recolhimento do imposto devido à Receita e estaria a salvo de acusações de benefícios indevidos. Ledo engano, pois logo foi demonstrado que essa é uma das formas pelas quais é possível lavar dinheiro ilícito.

Seguindo na série de erros e enganos, o governador achou que poderia recorrer ao "velho" expediente, presente na cultura política do Rio de Janeiro, de nacionalizar o debate. Ou seja, tal qual o ex-governador Carlos Lacerda fazia no passado, tentou-se colocar como "vítima", perseguida pelo governo federal, que não suportaria a competição com vistas à eleição de 2022. Alegou, ainda, que o controle que mantinha sobre as instituições de segurança do estado, berço político de Bolsonaro e de seus três filhos, justificaria uma "intervenção" do presidente nos processos de indicação dos cargos de "inteligência" aqui no Rio de Janeiro. Tal avaliação, correta em boa medida, requeria de Witzel uma atuação no sentido de se entrosar com outros governadores que possuem as mesmas queixas, como João Doria, de São Paulo. Não fez nada nessa direção. Isolou-se. Virou alvo fácil.

Mas Witzel não foi o único a errar. Outros políticos, bem mais experientes e tarimbados, também se deixaram apanhar pelas redes do MPF. É o caso do pastor Everaldo e, em menor medida, de André Moura, ex-líder do Congresso no governo Temer, e que assumiu a Casa Civil com a missão "quase impossível" de salvar o governador fluminense. O primeiro foi preso; o segundo teve a casa e o escritório revirados. Pedindo desculpas pelo trocadilho, o pastor, presidente do PSC, cujo símbolo é um peixe, era considerado, dada a sua longa trajetória por governos de variados matizes ideológicos e programáticos, um "peixe ensaboado" que, até então, havia escapado das diversas tentativas de capturá-lo em delitos de apropriação indevida de recursos mal explicados.

A soma dos erros reside, a meu ver, no desprezo que os atores citados — aí incluindo os empresários velhos de guerra do "fazer negócios" no Rio de Janeiro — devotaram à delação premiada, recurso inaugurado na Lava Jato. Conosco não vai acontecer, deve ter sido a avaliação que a dita "organização criminosa" fez em relação aos contratos assinados no calor da hora para combater a pandemia do coronavírus. Escaldados de outros procedimentos feitos a toque de caixa, como na Copa do Mundo e nas Olimpíadas, os órgãos de controle ficaram mais atentos, e as denúncias sobre malfeitos explodiram ainda durante a realização das compras e das obras. Pressionado, e levando em conta que a delação havia favorecido anteriormente os acusados da Lava Jato, o secretário de Saúde, Edmar Santos, delatou o esquema que visava a pilhar o debilitado cofre estadual.

Fogo morro acima e água ladeira abaixo não há quem segure. E assim foi com mais um governador fluminense. Afastado do governo por ordem monocrática do juiz Benedito Gonçalves, do STJ, Witzel entrou para a galeria de uma organização corrupta que tem um estado para chamar de seu.

5. O avesso do avesso do avesso[2]

Qual o lugar da corrupção na política do Rio de Janeiro? O mais óbvio é garantir recursos financeiros para determinados candidatos nas campanhas eleitorais que os tornem "devedores" de seus financiadores. Para tanto, tais candidatos precisam ser eleitos e assegurar a existência de gordos orçamentos, mediante os quais possam alimentar a "fome de seus investidores".

O governo Sérgio Cabral (2007-14) foi eleito sob o signo do combate às práticas ditas corruptas de seu antecessor na presidência da Alerj, o deputado José Nader. Uma combinação de fatores estruturais e conjunturais permitiu a ascensão do governador. Cabral exerceu, com maestria, o controle do PMDB, do Executivo, Legislativo e Judiciário do estado, modelo herdado do ex-governador Chagas Freitas (1971-75, 1979-83), desde os tempos da antiga Guanabara.

A conjuntura era extremamente favorável ao governador carioca, em oposição aos campistas "provincianos" que o antecederam,

---

[2] Artigo publicado em *O Globo*, Rio de Janeiro, 20 set. 2020.

Garotinho e Rosinha. A ótima relação com o governo federal, então ocupado pelo presidente Lula, e com Eduardo Paes, prefeito do Rio, levou-o a surfar em uma onda de popularidade que quase o conduziu ao posto de vice de Dilma Rousseff, na eleição de 2010. Do ponto de vista econômico, o céu era de brigadeiro, com o *boom* da exploração e dos preços do petróleo, e, sobretudo, com a montanha de recursos postos à disposição do estado para realizar a Copa do Mundo (2014) e as Olimpíadas (2016). A montagem de uma rede de doleiros e de empresários, antenada com os múltiplos braços da malha financeira global, forneceu o suporte aparentemente legal para as transações financeiras que "lavavam" fortunas oriundas de propinas. A queda de Cabral, e de seu sucessor, o governador Pezão, foi resultado da Lava Jato, campanha anticorrupção que varreu boa parte da elite política do estado, ao colocar na cadeia a cúpula do PMDB, que controlava, até então, os fluxos e refluxos do campo político fluminense.

O avesso do avesso não finda aqui. Em 2018, o eleitorado fluminense resolveu radicalizar, e elegeu um obscuro juiz, Wilson Witzel, que prometeu devotar seu governo ao combate à corrupção. Ao deixar de lado a indispensável montagem de uma base política sólida em um estado que não admite ser palco para amadores, o governador fez o avesso do prometido, e entrou para a galeria de governadores que fracassaram na tarefa de serem "autores" do estado do Rio de Janeiro. Afastado do governo, purga seu inferno político no Grajaú, bairro de onde nunca deveria ter saído. Foi o avesso do avesso do avesso.

6. Rouba e não faz

O "rouba, mas faz" parece que não alcança muito sucesso entre os candidatos às eleições municipais marcadas para novembro de 2020. O folclórico caso do ex-prefeito de uma cidade do Piauí, que candidamente declarou ter "roubado menos que o atual", se, em um primeiro momento, provocou risos na plateia incrédula, logo depois suscitou reação do partido ao qual estava filiado e do qual foi expulso sumariamente.

O "rouba, mas faz" como método de convencimento do eleitorado tem raízes profundas na política brasileira. Sua origem está ligada à figura de Adhemar de Barros, eleito por duas vezes prefeito (1947 e 1955) e governador de São Paulo (1957 e 1962), cuja plataforma eleitoral assentava-se na promessa de realização de obras, muitas obras. Às acusações de adversários de que haveria corrupção no governo, os fiéis eleitores de Adhemar contrapunham o balanço favorável de melhorias para população, mesmo que ao custo do desvio de recursos públicos. Roubar, todos roubam, era o mote. Fazer, poucos faziam. Então...

Mudanças estruturais e conjunturais ocorreram desde então. Entre as primeiras, destaco a criação e o fortalecimento de instituições de fiscalização e controle que aumentaram muito o custo da corrupção, a qual, pouco a pouco, foi sendo percebida como a principal responsável pelos males do país. Assim, passou a ocupar um lugar de relevo nas plataformas eleitorais de candidatos a presidente da República, desde a eleição de 1989, com Collor como "caçador de marajás", até a de 2018, com a Lava Jato e o repúdio de Bolsonaro à dita "velha política".

Se o "rouba, mas faz não cola mais", o que dizer dos governantes do Rio de Janeiro, Marcelo Crivella e Wilson Witzel, envolvidos até o pescoço em acusações de desvio de recursos públicos? Parece que a resposta mais óbvia é "rouba e não faz", do que é exemplo gritante os seis hospitais de campanha para o atendimento às vítimas da Covid-19 que sequer ficaram prontos. Ou ainda, os acertos para a partilha indevida de rubricas do orçamento dedicadas ao atendimento do interesse público, que mal saíram do papel.

Pode-se alegar, com boa dose de razão, que ambos foram denunciados e estão acossados por processos de *impeachment*. No entanto, os diferentes caminhos que as carreiras políticas de Crivella e de Witzel estão trilhando a partir de então correspondem, a meu juízo, às respectivas trajetórias prévias de ambos. O prefeito, além de acumular vasta experiência político-eleitoral por meio de campanhas bem-sucedidas ao Senado, e mesmo de fracassos anteriores em alcançar o Executivo municipal, possui o apoio luxuoso da Igreja Universal, de onde se licenciou como bispo para assumir o cargo de prefeito. Esse botim de votos dos evangélicos é olhado com respeito pelos vereadores, os quais, por várias vezes, hesitaram em votar o afastamento de Crivella.

A experiência política que sobra a Crivella falta a Witzel. Marinheiro de primeira viagem — foi fuzileiro naval —, pode-se dizer que o então juiz federal embarcou em uma canoa furada. De acordo com o relatório do Ministério Público, Witzel teria sido escolhido, e bancado, para garantir os interesses de um grupo político-empresarial há muito incrustado na máquina estadual. O governador não levou em conta várias peças em jogo. O rompimento com Bolsonaro, os holofotes da mídia no atendimento às vítimas da pandemia, a delação premiada do secretário de Saúde, que o denunciou como chefe da organização criminosa, e, finalmente, a inexistência de uma base parlamentar capaz de segurá-lo à frente do governo. Afastado do Executivo por decisão do STJ, Witzel amarga um doloroso isolamento no Laranjeiras, de onde vislumbra o breve fim de uma carreira política que a ele parecia terminar no Alvorada.

Só à guisa de conclusão. Se, em São Paulo, o "rouba, mas faz" marcou uma certa cultura política, espera-se que, no Rio, não se crie a cultura do "rouba e não faz".

7. Um estado em busca de um autor

Mais do que em qualquer outro estado da federação, a chamada *cultura pemedebista*, cuja origem estaria na estrondosa vitória do

PMDB nas eleições para a Assembleia Constituinte, em 1986, aqui fixou raízes. Segundo o cientista político Marcos Nobre, algumas das características dessa cultura teriam marcado a Constituição de 1988 e modelado o sistema político brasileiro a partir de então. A pedra de toque explicativa é a decantada governabilidade, entendida como a necessidade de o Executivo garantir supermaiorias parlamentares para que pudesse exercer, de fato, os poderes constitucionais a ele conferidos. No lugar do confronto governistas × oposicionistas, característico das democracias consolidadas, prevaleceu a conciliação garantida pela força do tratoraço da chamada "base governista" sobre as oposições.

"Fizemos barba, cabelo e bigode." Usando essa conhecida expressão futebolística, o deputado estadual Gilberto Rodriguez (PMDB) se vangloriou ao falar sobre a posição do então governador Leonel Brizola (PDT, 1983-87) em relação ao PMDB. Apesar de possuir uma grande bancada na Alerj, Brizola sabia que precisava do voto e do cacife político dos 16 deputados pemedebistas. A eleição de Moreira Franco (1987-91) para o governo do estado, e de Gilberto Rodriguez para a presidência da Alerj, ambos do PMDB, selaria uma aproximação entre os dois poderes, que se tornaria crescente na medida em que a Constituição estadual de 1989 fez do comandante do Legislativo uma figura de peso nas negociações com o Executivo, reafirmando um pacto que se repetiria como um padrão da política fluminense.

"Conversa primeiro com o Sérgio." Assim, o então governador Marcello Alencar (PSDB, 1995-99), em entrevista aos pesquisadores do CPDOC, definiu a natureza das relações que tinha com Sérgio Cabral, presidente da Alerj. Com bom trânsito pelos diversos partidos políticos que compunham a Assembleia, especialmente o PMDB, Cabral foi peça-chave nas composições que resultaram na aprovação de um conjunto de privatizações de empresas públicas, dentro do programa neoliberal adotado pelo PSDB também em nível nacional. A decisão de Cabral de se transferir para o PMDB, e de se manter no comando da Assembleia ao longo de oito anos (1995-2002), parece demonstrar a existência já consolidada de uma estrutura de poder capaz de se impor no jogo político fluminense. Não por acaso, quando assumiu o Palácio Guanabara, em 2007, Cabral optou por um nome tradicional para substituí-lo no comando da Casa, o do secretário-geral Jorge Picciani, que conhecia como poucos os meandros de seu funcionamento. Nessa condição, não só garantiu a Cabral um governo sem sobressaltos em sua relação com o Legislativo, como, principalmente, se converteu em um dos maiores fiadores da política fluminense.

Tudo parecia correr nos trilhos, até que esta estrutura de poder, construída ao longo de décadas, sofreu o impacto do *tsunami* da Lava Jato. Seus principais expoentes foram parar na cadeia – Cabral, Picciani, Pezão, Paulo Melo, apenas para citar os mais vistosos –, e a estabilidade da política fluminense foi levada de roldão pelo duplo desejo da sociedade de "punir os corruptos", por um lado, e de "eleger não políticos acima de qualquer suspeita", por outro. A eleição do juiz Wilson Witzel em 2018 não correspondeu, no entanto, aos anseios do eleitorado fluminense. Ao contrário. Primeiro governador fluminense a sofrer um processo de *impeachment*, deixou evidente sua fragilidade política ao não receber sequer um voto favorável na Alerj. Onde foi parar aquela tradicional relação entre o Legislativo e o Executivo baseada em interesses mútuos, no famoso "dando que se recebe"?

São muitos os aspirantes à tarefa de reorganizar e estabilizar a outrora organizada e estabilizada política fluminense. À frente do grupo dos novatos, encontra-se o governador Cláudio Castro. Quem é ele? Eleito na chapa de Witzel, Castro viu cair em seu colo o governo de um estado que está, desde então, à procura de um autor capaz de escrever um enredo para esses novos tempos da política fluminense. Jovem (42 anos), membro da Renovação Carismática Católica, cantor e compositor de repertório religioso, começou sua carreira no Legislativo municipal em 2004, como chefe de gabinete do vereador católico – e também cantor *gospel* – Márcio Pacheco (PSC). Em 2016, foi eleito vereador pelo PSC e, dois anos depois, compôs com Witzel uma chapa ao governo estadual pouco conhecida do distinto público. Dizem que ele preparava o discurso com que voltaria a assumir seu mandato de vereador, quando a dupla ganhou a eleição, e Castro se viu no cargo de vice-governador. Esta seria a primeira surpresa na vida política do dublê de cantor-vereador, logo suplantada pela inesperada ascensão ao cargo de governador em função do afastamento de Witzel. De baixo perfil, com fama de habilidoso e conciliador, Castro seguiu a cartilha do "pato novo em lago profundo" e, malgrado a ruptura de Witzel com o Planalto, procurou se aproximar do senador Flávio Bolsonaro, evitando seguir o mesmo destino que o anterior titular do cargo. Ciente da corda bamba em que se encontra, Castro adotou a máxima do *pemedebismo*, e rapidamente se entrosou com o presidente da Alerj, o petista André Ceciliano. Ainda na linha da fortuna, seguindo Maquiavel, Castro se viu dono dos recursos milionários oriundos da venda da Cedae. Resta saber se ele possui *virtú* para transformar esse capital em votos...

Quem é André Ceciliano que, apesar da pequena bancada do PT, alçou, em 2017, ao cargo estratégico de presidente da Alerj? Oriundo de Paracambi, cidade da Região Metropolitana do Rio de Janeiro, conquistou seu primeiro mandato na Alerj em 1998, e logo ascendeu à posição de terceiro vice-presidente da Mesa Diretora para o biênio 1999/2000. Sinalizando uma crescente tendência de voto para o PT, Ceciliano derrotou o candidato governista (PMDB) na eleição para a prefeitura do município de Paracambi. Sua reeleição, em 2004, foi garantida mediante a cassação do então empossado Flávio Campos Ferreira. Derrotado na eleição para o município vizinho de Japeri (2008), voltou para a Alerj, onde se encontra desde 2011, ao longo de três mandatos. Essa experiência parlamentar e o bom relacionamento com deputados de vários partidos permitiram que o petista galgasse, sucessivamente, a segunda vice-presidência

(2015-16), a vice-presidência no biênio seguinte e a presidência da Alerj a partir de 2017 por ocasião da licença e da prisão de Jorge Picciani. Em 2019, foi reconduzido à presidência da Casa pelos seus pares. Parece que seu projeto para 22 será conquistar a indicação para a única cadeira vaga para o Senado e que, por isso mesmo, será arduamente disputada, sobretudo dentro das hostes partidárias do PT do Rio, presidido por Washington Quaquá. A ver...

É certo que a pandemia complicou as articulações em curso na política fluminense, mas não impede que elas se coloquem na mesa de jogo. As incertezas são grandes em um campo tão fragmentado e carente de lideranças solidamente testadas em situações de estresse político. Temos um grupo instalado na política carioca e fluminense, comandado por Eduardo Paes, Rodrigo e César Maia e seu entorno antes ligado ao DEM-RJ, mas que tem certa dificuldade em navegar nos mares, agora revoltos, da política estadual, até então pacificados pelo PMDB. Quadro antigo do DEM-RJ, de onde foi "saído" após desentendimento com ACM Neto, Rodrigo Maia, o ex-presidente da Câmara dos Deputados, ainda não definiu seu novo partido, mas trocou de área de atuação política: a convite do governador paulista, João Doria, assumiu a pasta de Projetos e Ações Estratégicas. Perguntado sobre seu futuro eleitoral, disse que se candidataria a mais um novo mandato de deputado federal pelo Rio de Janeiro. E completou: "Para o Rio de Janeiro, é uma demonstração de que sou um quadro importante da política nacional. É óbvio que o carioca, que sempre teve uma visão importante de Brasil, vai compreender" (*Folha de S.Paulo*, 24 out. 2021:5). A conferir...

Já Paes, ao trocar o DEM pelo PSD de Gilberto Kassab, se engajou na campanha a governador de Felipe Santa Cruz, presidente da OAB nacional. Ostentando em sua trajetória política apenas uma candidatura frustrada a vereador pelo PT nas eleições de 2004, Santa Cruz tem uma atuação corporativa e institucional: de 2013 a 2018, foi presidente da OAB-RJ e, no ano seguinte, se elegeu presidente nacional da entidade. No lançamento de sua candidatura ao governo estadual, adiantou por onde pretende construir o discurso de sua campanha: "A primeira batalha que vamos enfrentar é a da segurança pública" (*O Globo*, 23/10/2021:13). *Déjà-vu*...

Na esfera da esquerda, dois nomes já bem conhecidos se oferecem ao escrutínio do distinto público fluminense. Um deles é Marcelo Freixo, que migrou do dito radical PSOL para o PSB, mais palatável a um eleitorado com tendência mais ao centro do espectro político. Ligado ao deputado federal Chico Alencar, atuou como consultor na área de direitos humanos e, em 2005, trocou o PT pelo PSOL, recém-criado. No ano seguinte, Freixo conquistou seu primeiro mandato de deputado estadual, e moveu forte oposição ao governo de Sérgio Cabral. Ganhou notoriedade quando coordenou a CPI das Milícias, investigação sobre a atuação de grupos de patrulha integrados, entre outros, por policiais, bombeiros e agentes penitenciários, espécie de máfia atuando principalmente em regiões populares no Rio de Janeiro. A CPI teve grande repercussão, inclusive na mídia, e a investigação, iniciada em 2007, levou ao indiciamento de cerca de 225 pessoas, entre eles alguns parlamentares. Renovou, por duas vezes, seu mandato na Alerj (2010 e 2014) e, em 2016, foi derrotado, no segundo turno, na eleição para a prefeitura do Rio conquistada por Marcelo Crivella. Desde 2019, ocupa uma cadeira na Câmara dos Deputados, e se encontra em plena campanha para o governo estadual contando, para tanto, com a mobilização das forças da esquerda unificada a favor de sua candidatura. Difícil...

Mesmo porque o outro candidato no *front* da esquerda é Rodrigo Neves, político de perfil local, que tem como grande trunfo os bons índices de bem-estar social ostentados por Niterói, cidade de que foi prefeito por dois mandatos (2013-20). Começou sua carreira política aos 22 anos como vereador na cidade de Niterói (1998-2007), de onde saiu para ocupar uma cadeira na Alerj (2007-13). Em 2015, por ocasião das denúncias da Lava Jato, resolveu trocar o PT pelo PV, onde ficou por dois anos. Em 2017, foi para o PDT, e se aproximou do então candidato à presidência, Ciro Gomes. Em dezembro de 2018, em pleno mandato de prefeito, Neves acabou preso pela Lava Jato em função de denúncias de recebimento de propina de empresas de ônibus. Foi solto em março seguinte, reassumiu a prefeitura e acabou elegendo seu sucessor, Alex Grael, do PDT. Sua candidatura está pendurada nas tensas negociações entre Lula e Ciro na campanha presidencial de 22...

Um outro grupo é o de políticos da Baixada Fluminense, região considerada estratégica por reunir 13 cidades e um capital eleitoral em torno de 2,8 milhões de votos, e que, por isso mesmo, é alvo da ambição dos candidatos a governador e a presidente da República. A maioria dos prefeitos desses municípios possui forte inclinação pelo presidente Bolsonaro, mas, a depender do avanço da candidatura Lula nessa região marcada pela pobreza, poderá haver uma reviravolta no atual cenário de fidelidades político-partidárias.

Como se diz em bom jargão da política, o jogo não está jogado e o campo está aberto a muitas possibilidades. A única certeza é o desafio de governar um estado que, à moda de Penélope, se distrai em desfazer de noite o que foi feito de dia.

Referências

Depoimentos ao Programa de História Oral do CPDOC

Publicados

Célio Borja. Coordenação de Marly Silva da Motta. Rio de Janeiro: Fundação Getulio Vargas, 1999 (Conversando sobre Política).

Crônica política do Rio de Janeiro. Coordenação de Marieta de Moraes Ferreira. Rio de Janeiro: Fundação Getulio Vargas, 1998.

Erasmo Martins Pedro. Coordenação de Marly Silva da Motta. Rio de Janeiro: Fundação Getulio Vargas, 1998 (Conversando sobre Política).

Não publicados

Marcello Alencar. Coordenação de Marly Silva da Motta. Rio de Janeiro: Fundação Getulio Vargas, 2006 (Conversando sobre Política).

Obras gerais

ALMEIDA, Ronaldo de. Deus acima de todos. In: VVAA. *Democracia em risco?* 22 ensaios sobre o Brasil hoje. São Paulo: Companhia das Letras, 2019.

AMORIM NETO, Octavio; SANTOS, Fabiano. O Rio de Janeiro e o Estado nacional (1946-2010). *Dados*, v. 56, n. 3, 2013, p. 467-496.

ANGEL, Hildegard. *O Globo*, Rio de Janeiro, 16 out. 2002.

APOIO federal marca 100 dias de Brizola. *Jornal do Brasil*, Rio de Janeiro, 26 jun. 1991.

ASSEMBLEIA do Rio já não é templo de fisiologismo. *Jornal do Brasil*, Rio de Janeiro, 22 mar. 1987.

BAIXADA e interior deram vitória à Rosinha. *O Globo*, Rio de Janeiro, 8 out. 2002.

BARSETTI, Silvio. *A farra dos guardanapos*: o último baile da Era Cabral. Rio de Janeiro: Máquina de Livros, 2018.

BENEDITA já está na frente de Cidinha no Rio, diz Data Folha. *Jornal do Brasil*, Rio de Janeiro, 29 set. 1992.

BRASILEIRO, Ana Maria. *A fusão*: análise de uma política pública. Brasília: Ipea/Iplan, 1979.

BRASÍLIA acusa Brizola de ter atrasado a rolagem da dívida. *Jornal do Brasil*, Rio de Janeiro, 23 mai. 1986.

BRIZOLA acha que Sarney é pior que Figueiredo. *Jornal do Brasil*, Rio de Janeiro, 15 mai. 1986a.

BRIZOLA assina contratos para rolar dívida. *Jornal do Brasil*, Rio de Janeiro, 20 abr. 1991.

BRIZOLA critica quem trabalha pelo impeachment de Collor. *Jornal do Brasil*, Rio de Janeiro, 9 ago. 1992a.

BRIZOLA entra na Justiça contra União. *Jornal do Brasil*, Rio de Janeiro, 29 ago. 1986b.

BRIZOLA ouvirá os partidos. *Jornal do Brasil*, Rio de Janeiro, 18 nov. 1983.

BRIZOLA vê golpismo por trás da CPI. *Jornal do Brasil*, Rio de Janeiro, 3 jul. 1992b.

CASTELLO BRANCO, Carlos. Capacidade de engolir sapos. *Jornal do Brasil*, Rio de Janeiro, 22 abr. 1975.

CIDINHA dispara no Rio com 38%. *Jornal do Brasil*, Rio de Janeiro, 28 mar. 1992.

CIDINHA foi à Zona Oeste de preto. *Jornal do Brasil*, Rio de Janeiro, 17 ago. 1992.

CLEMIR sai do PDT e procura sigla para se candidatar. *Jornal do Brasil*, Rio de Janeiro, 8 jun. 1985.

COLLOR busca em Brizola o apoio negado pelo PSDB. *Jornal do Brasil*, Rio de Janeiro, 20 abr. 1991a.

COLLOR dará 45 bilhões para Cieps. *Jornal do Brasil*, Rio de Janeiro, 16 abr. 1991b.

CRUVINEL, Tereza. Se não é barbárie... *O Globo*, Rio de Janeiro, 20 abr. 2004.

DA POLÍTICA da bica d'água a escândalos de corrupção, passando pela geosmina. *O Globo*, 30 abr. 2021.

DINIZ, Eli. *Voto e máquina política*: patronagem e clientelismo no Rio de Janeiro. Rio de Janeiro: Paz e Terra, 1982.

DÍVIDA de governo. *Jornal do Brasil*, Rio de Janeiro, 24 jun. 1986.

DOIS anos de governo Moreira. *Jornal do Brasil*, Rio de Janeiro, 15 mar. 1989.

EDITORIAL: Cidade do crime. *Jornal do Brasil*, Rio de Janeiro, 28 jun. 1986.

EDITORIAL: Tréplica pelo voto. *Jornal do Brasil*, Rio de Janeiro, 25 jun. 1986.

ELEIÇÃO redefine o poder político no estado; Baixada agora não é a mesma. *Jornal do Brasil*, Rio de Janeiro, 29 set. 1992.

ESCOLHA para o Rio foi demorada. *Jornal do Brasil*, Rio de Janeiro, 28 nov. 1983.

EVANGELISTA, Hélio de Araújo. *A fusão dos estados da Guanabara e do Rio de Janeiro*. Rio de Janeiro: Arquivo Público do Estado do Rio de Janeiro, 1998.

EX-PRESIDENTE mantém poder na Alerj. *Jornal do Brasil*, Rio de Janeiro, 17 out. 1991.

FARIA Lima rompe com Arena, pois candidatos são todos desconhecidos. *Jornal do Brasil*, Rio de Janeiro, 15 jun. 1978.

FEDERAÇÃO DAS INDÚSTRIAS DO ESTADO DA GUANABARA. *A fusão dos estados da Guanabara e do Rio de Janeiro*. Rio de Janeiro: CIRJ/Fiega, 1969.

FERREIRA, Marieta de Moraes. A fusão: chaguismo × amaralismo. In: SARMENTO, Carlos Eduardo (Org.). *Chagas Freitas*. Rio de Janeiro, Editora FGV, 1999, p. 167-194.

_____. *Em busca da Idade de Ouro*: as elites políticas fluminenses na Primeira República (1889-1930), Rio de Janeiro: Editora UFRJ, 1994.

_____ (Org.). *Crônica política do Rio de Janeiro*. Rio de Janeiro: Editora FGV, 2001.

_____ (Org.). *A força do povo*: Brizola e o Rio de Janeiro. Rio de Janeiro: Alerj/CPDOC-FGV, 2008.

_____; ROCHA, Dora; FREIRE, Américo. *Vozes da oposição*. Rio de Janeiro: Grafline Artes Gráficas e Editora Ltda, 2001.

FOLHA DE S.PAULO, 7 nov. 1999.

FOLHA DE S.PAULO, 24 out. 2021, p. 5.

FREIRE, Americo. *Uma capital para a República*: poder federal e forças políticas locais no Rio de Janeiro na virada para o século XX. Rio de Janeiro: Revan, 2000.

_____ (Org.). *Paulo de Frontin*: discursos parlamentares. Rio de Janeiro: CPDOC/Alerj, 2003.

FREIRE, Americo; SARMENTO, Carlos Eduardo B.; MOTTA, Marly Silva da. *Um estado em questão*: os 25 anos do Rio de Janeiro. Rio de Janeiro, Editora FGV, 2001.

FREJAT anuncia que PDT vai resistir à coalizão. *Jornal do Brasil*, Rio de Janeiro, 18 nov. 1983.

GARCIA, Luiz. Fusão, confusão e desfusão. *O Globo*, Rio de Janeiro, 11 jun. 2004.

GAROTINHO, Rosinha. Por que não o garotismo? *O Globo*, 10 out. 2003.

GAROTINHO ensaia rompimento com Cabral. *O Globo*, Rio de Janeiro, 16 jan. 2007.

GLOBO é tema de campanha. *Jornal do Brasil*, Rio de Janeiro, 13 mai. 1992.

GOVERNO entra na muda. *Jornal do Brasil*, Rio de Janeiro, 15 mai. 1991.

IBOPE aponta Benedita e Cidinha juntas. *Jornal do Brasil*, Rio de Janeiro, 24 set. 1992.

JORNAL DO BRASIL, Rio de Janeiro, 5 fev. 1991. Revista de Domingo.

JOSÉ Nader é chamado de Dom Corleone. *Jornal do Brasil*, Rio de Janeiro, 20 dez. 1991.

KRAMER, Dora. Quem bate, leva. *Jornal do Brasil*, Rio de Janeiro, 11 nov. 2000.

MÁGOA eleitoral. *Jornal do Brasil*, Rio de Janeiro, 21 dez. 1996.

MANSO, Bruno Paes. *A república das milícias*: dos esquadrões da morte à era Bolsonaro. São Paulo: Todavia, 2020.

MARCELLO saca do Banerj e aplica fora. *Jornal do Brasil*, Rio de Janeiro, 10 abr. 1991.

MOMENTO de esperança. *Jornal do Brasil*, Rio de Janeiro, 15 mar. 1991.

MOREIRA busca contraste com o estilo Brizola. *Jornal do Brasil*, Rio de Janeiro, 13 ago. 1987a.

MOREIRA consegue adiar queixas do Diretório do PMDB. *Jornal do Brasil*, Rio de Janeiro, 28 mar. 1987b.

MOREIRA usa como "peões" amigos de Niterói. *Jornal do Brasil*, Rio de Janeiro, 20 set. 1987c.

MOTTA, Marly Silva da. A fusão da Guanabara com o Estado do Rio: desafios e desencantos. In: FREIRE, Américo; SARMENTO, Carlos Eduardo; MOTTA, Marly Silva da. *Um estado em questão*:

os 25 anos do estado do Rio de Janeiro. Rio de Janeiro: Editora FGV, 2001a, p. 19-56.

_____. O governador da Guanabara. In: SARMENTO, Carlos Eduardo (Org.). *Chagas Freitas*. Rio de Janeiro: Editora FGV, 1999a.

_____. *O Rio de Janeiro:* de cidade-capital a estado da Guanabara. Rio de Janeiro: Editora FGV, 2001b.

_____. Rio de Janeiro *versus* Rio de Janeiro: o lugar da capital no cenário político fluminense. In: GOMES, Angela de Castro (Coord.). *Direitos e cidadania*: memória política e cultura. Rio de Janeiro: Editora FGV, 2007, p. 175-194.

_____. Rumo ao Palácio da Guanabara. In: SARMENTO, Carlos Eduardo (Org.). *Chagas Freitas*. Rio de Janeiro: Editora FGV, 1999b, p. 105-126.

_____. *Saudades da Guanabara*: o campo político da cidade do Rio de Janeiro (1960-75). Rio de Janeiro: Editora FGV, 2000.

_____; SARMENTO, Carlos Eduardo (Org.). *A construção de um estado*: a fusão em debate. Rio de Janeiro: Editora FGV, 2001.

NADER é pivô da crise no Legislativo. *Jornal do Brasil*, Rio de Janeiro, 9 jul. 1991.

NADER × Brizola: novos tempos. *Jornal do Brasil*, Rio de Janeiro, 24 mar. 1991.

NICOLAU, Jairo. *O Brasil dobrou à direita*: uma radiografia da eleição de Bolsonaro em 2018. Rio de Janeiro: Zahar, 2020.

NOBRE, Marcos. *Imobilismo em movimento*: da abertura democrática ao governo Dilma. São Paulo: Companhia das Letras, 2013.

O "BANHO" de Moreira. *Jornal do Brasil*, Rio de Janeiro, 14 ago. 1987.

O COMEÇO da Linha Vermelha – ao lado de Brizola, Collor afirma que Rio é prioridade de seu governo. *Jornal do Brasil*, Rio de Janeiro, 3 jun. 1991.

O GLOBO, Rio de Janeiro, 10 out. 2002. Coluna do Ancelmo.

O GLOBO, Rio de Janeiro, 23 out. 2021. p, 13.

O NOME dele é Gilberto. *Jornal do Brasil*, Rio de Janeiro, 3 dez. 1987.

O OUTRO caminho. *Jornal do Brasil*, Rio de Janeiro, 28 dez. 1996.

OS CEM dias de Moreira. *Jornal do Brasil*, Rio de Janeiro, 1º jun. 1987.

PDT deixa de convocar um suplente e Brizola fica 10 dias sem poder de veto. *Jornal do Brasil*, Rio de Janeiro, 3 nov. 1983.

PDT em crise cancela convenções no Rio. *Jornal do Brasil*, Rio de Janeiro, 23 mai. 1992a.

PDT quer que prefeito escolha o vice. *Jornal do Brasil*, Rio de Janeiro, 3 jun. 1992b.

PEREIRA, Merval. Autonomia carioca. *O Globo*, Rio de Janeiro, 29 mai. 2004a.

_____. Cidade global. *O Globo*, Rio de Janeiro, 30 mai. 2004b.

_____. Contra a desfusão. *O Globo*, Rio de Janeiro, 9 jun. 2004c.

_____. Só o Rio vota. *O Globo*, Rio de Janeiro, 10 jun. 2004.

PREFEITOS dizem que Brizola ignora o interior do estado. *Jornal do Brasil*, Rio de Janeiro, 25 mar. 1985.

PRESIDENTE da Assembleia nega críticas e acusações. *Jornal do Brasil*, Rio de Janeiro, 4 dez. 1987.

PROJETO ficou no meio do caminho e Carioca e fluminense criticam a fusão. *Jornal do Brasil*, Rio de Janeiro, 12 jan. 1997.

RIO pede tratamento VIP a Brasília. *Jornal do Brasil*, Rio de Janeiro, 23 jan. 1997.

RJ: PDT líder, mas não se decide entre sete nomes. *Jornal do Brasil*, Rio de Janeiro, 12 jan. 1992.

SANDRA assegura que não foi, não é e não será líder do governo. *Jornal do Brasil*, Rio de Janeiro, 20 abr. 1975.

SARMENTO, Carlos Eduardo B. O deputado federal. In: SARMENTO, Carlos Eduardo (Org.). *Chagas Freitas*. Rio de Janeiro: Editora FGV, 1999, p. 69-91.

_____. *O Rio de Janeiro na era Pedro Ernesto*. Rio de Janeiro: Editora FGV, 2001.

SILVEIRA, Mauro. *O caso Proconsult*: a história da tentativa de fraude que caiu no esquecimento. Rio de Janeiro: Autografia, 2020.

UM NOVO tema: a desfusão. *O Globo*, Rio de Janeiro, 9 jan. 1997.

VERBA estadual para municípios cria polêmica. *O Globo*, Rio de Janeiro, 10 abr. 2004.

VIVALDO anuncia intenção de Brizola de criar oito secretarias por decreto. *Jornal do Brasil*, Rio de Janeiro, 21 set. 1983.

ZONA Oeste rompe com Brizola. *Jornal do Brasil*, Rio de Janeiro, 6 out. 1992.

Sobre a autora

Marly Motta é doutora em história pela UFF, e professora aposentada da FGV-RJ. Estudiosa da política carioca e fluminense, entre suas obras sobre o tema destacam-se *A nação faz cem anos: a questão nacional no centenário da independência* (1992), *O Rio de Janeiro continua sendo...: de cidade-capital a estado da Guanabara* (1997), *Saudades da Guanabara* (2000) e *Rio, cidade-capital* (2004).

Este livro foi impresso nas oficinas gráficas da Editora Vozes Ltda.,
Rua Frei Luís, 100 – Petrópolis, RJ.